*Teacher: Anne Sullivan Macy*

# 我的老师安妮·莎莉文

〔美〕海伦·凯勒 著

闫文军 黄淑华 译

中国盲文出版社

图书在版编目（CIP）数据

我的老师安妮·莎莉文（大字版）/（美）凯勒（Keller, H.）著；闫文军，黄淑华译. —北京：中国盲文出版社，2013.1

ISBN 978－7－5002－4025－9

Ⅰ.①我… Ⅱ.①凯… ②闫… ③黄… Ⅲ.①莎莉文，A.（1866～1936）—生平事迹 Ⅳ.①K837.125.46

中国版本图书馆 CIP 数据核字（2012）第 276153 号

## 我的老师安妮·莎莉文

著　　　者：（美）海伦·凯勒
译　　　者：闫文军　黄淑华
责任编辑：侯　娜　沃淑萍　时晓艳
出版发行：中国盲文出版社
社　　　址：北京市西城区太平街甲 6 号
邮政编码：100050
印　　　刷：北京东君印刷有限公司
经　　　销：新华书店
开　　　本：787×1092　1/16
字　　　数：157 千字
印　　　张：20.5
版　　　次：2013 年 5 月第 1 版　2013 年 5 月第 1 次印刷
书　　　号：ISBN 978－7－5002－4025－9/K·174
定　　　价：36.00 元
编辑热线：(010) 83190267
销售服务热线：(010) 83190297　83190289　83190292

版权所有　　侵权必究　　　　印装错误可随时退换

# 我的老师安妮·莎莉文

一首用心写就的赞歌

人生真正的乐趣,在于能对一项事业有所贡献,而你本人也认同这是项伟大的事业。

——萧伯纳

# 序 言

内拉·布拉迪·亨尼[1]

多年以来，海伦·凯勒已深切体会到，多数人想要从她嘴里听到的话题，就是关于她自己生活的奇迹故事，但她自己却对此类话题极其不感兴趣。作为一个知书达理且颇具耐心的人，她曾经无数次在公开发表的小说和论文里、在电视访谈和对话节目中、在表演的舞台上以及在教堂的讲经坛上重复着那些故事。在写作本书时，她决心不再赘述前面的故事，要呈现给读者从未有人涉足，也不可能涉足的独家报道——以翔实的背景材料为支撑，从个性化角度描述自己的"授业恩师"——安妮·莎莉文·梅西女士。对于那些与海伦同时代的人来说，她的传奇人生已经耳熟能详；但是对于那些生于大萧条时期、经历过二战的人们来说，已因年代久远而记忆模糊了，我们有必要交

---

[1] 内拉·布拉迪·亨尼（Nella Braddy Henney），美国女作家，双日出版公司员工，1927年起与海伦·凯勒和安妮·莎莉文一起工作，帮助她们出书，著有《安妮·莎莉文·梅西》（1933），其间30多年见证了海伦的奋斗历程。

## 2 我的老师安妮·莎莉文

代一下她的生平。

海伦·凯勒于1880年6月27日出生于美国亚拉巴马州的塔斯喀姆比亚。初生的海伦和其他健全孩子一样健康，但到19个月时，一场迄今都没有确诊的大病使她同时失去了听力和视力。由于很小就失去了听力，她随之成为哑巴。除了盲、聋、哑，她没有受到其他任何损害，然而她的智力却颇受怀疑，有人甚至认为她是个白痴。尽管她父母不信，但也无法辩驳。面对海伦的教育，他们束手无策。于是，海伦变得与世隔绝，用她自己的话来说——"她完全沦为一个生活在乌有世界里的幽灵"。

她在这样一个乌有的世界里生活了整整5年，没有任何获救的希望。直到有一天，她妈妈在阅读狄更斯[①]的《旅美札记》时，不经意间得知波士顿的柏金斯盲人学校创始人塞缪尔·格里德利·豪博士[②]成功

---

[①] 查尔斯·狄更斯（Charles Dickens，1812～1870），英国维多利亚时期著名作家，一生著述颇丰。本书提到的《旅美札记》是其漫游美国时写的长篇游记。

[②] 塞缪尔·格里德利·豪（Samuel Gridley Howe，1801～1876），美国医生，著名教育家，柏金斯盲人学校第一任校长，盲聋人劳拉·布里奇曼的老师，开创了盲聋人接受教育的先河。

地教会一个和海伦一样又盲又聋的女孩儿劳拉·布里奇曼①用手语阅读和书写，并且能与视听健全的人交流。但这件事情发生在50年前，而且波士顿距离塔斯喀姆比亚路途遥远。当时凯勒夫妇对此并未太在意。海伦6岁时，凯勒夫妇带着海伦去看巴尔的摩非常著名的眼科医生。这个医生证实了先前的结论——海伦此生注定什么也听不到，什么也看不见。但他建议凯勒夫妇带着孩子去首都华盛顿拜访亚历山大·格雷厄姆·贝尔博士②，向他请教盲童的教育方法。在贝尔博士的建议下，海伦的父亲给柏金斯盲人学校写了一封信。豪博士当时早已作古，接替他的校长迈克尔·阿纳格诺斯③先生派了一位刚毕业不久的学生做

---

①劳拉·布里奇曼（Laura Dewey Bridgman，1829～1889），美国盲聋人，曾在柏金斯盲人学校师从豪博士学习。随后一直在该校生活和工作，是海伦·凯勒之前最为成功的通过手语接受正规学校教育并取得成功的典型。

②亚历山大·格雷厄姆·贝尔（Alexander Graham Bell，1847～1922），英裔加拿大发明家和企业家。他发明了世界上第一台可用的电话机，创建了贝尔电话公司。从财力上支持安妮·莎莉文和海伦·凯勒的教育实验。

③迈克尔·阿纳格诺斯（Michael Anagnos，1837～1906），希腊裔美国教育家，柏金斯盲人学校第二任校长，豪博士的女婿，曾经竭力宣传海伦的教育成就。

海伦·凯勒的老师。她就是海伦后来的"授业恩师"——安妮·莎莉文·梅西，当年只有21岁。

没有人对安妮报太大希望。自从豪博士在劳拉·布里奇曼的教育上取得突破性进展之后，许多经验丰富的老师都试图复制这个奇迹，但均告失败。安妮这个涉世不深、没有任何经验的年轻女孩儿不大可能比前人做得更好。海伦的父亲给她提供了这样一份工作，以她当时的处境，只能接受，别无选择。

作为爱尔兰移民的女儿，安妮·莎莉文于1866年4月4日出生在马萨诸塞州费丁希尔村一个贫穷的家庭。爱尔兰人当时在美国东北部很受歧视。从记事起，安妮就患有眼疾。视力问题困扰了她一生。8岁时，她的母亲撇下她和另外两个孩子撒手人寰。两年以后，父亲抛下3个孩子，杳无音信。她的妹妹玛丽被寄养在亲戚家里。1876年2月安妮和她7岁弟弟吉米则被送到了位于蒂克斯伯里的马萨诸塞州州立救济院。

吉米因臀部患有结核瘤致残，当年5月就不幸夭折，安妮则在救济院孤独地度过了4年。外面亲戚没人在乎她。除了救济院中的孤儿，安妮没有什么朋友。有个孤儿曾经跟她提到过专门的盲人学校，安妮暗记心头。随着时间的推移（也不知过了多久），出去上学的愿望日益强烈。但要逃出这个令人失望的救济院、远离生活中的各种疾病，对安妮来说简直就是天方夜谭。由于救济院的管理实在糟糕，马萨诸塞州慈善机构派调查组前来调查，这给了安妮一个绝好的机会。因为同宿舍孤儿将组长的名字告诉了她，所以当调查组成员到来的时候，安妮冲到他们跟前，嘴里大声喊着组长的名字："桑伯恩①先生，桑伯恩先生，我要去上学！"

1880年10月，14岁的安妮来到了柏金斯盲人学校，开始学习用手指摸读盲文书。由于放假时学校没有条件照顾学生，所以暑假期间她被安置到波士顿的一家旅店去打工。通过住店房客的介绍，安妮找到了马萨诸塞州眼科和耳科康复医院。8月，布拉德福德医生为她做了左眼康复手术。第二年夏天，她又住院进行了右眼治疗。手术后，她基本可以正常读书，但

---

①富兰克林·本杰明·桑伯恩（Franklin Benjamin Sanborn，1831~1917），美国著名记者、作家、社会科学家、美国社会科学协会的创始人之一、梭罗思想的鼓吹者。曾经视察蒂克斯伯里救济院，帮助安妮·莎莉文脱离苦海，进入柏金斯盲人学校。但是后来桑柏恩又攻击莎莉文出身卑贱，说她忘恩负义。

时间不能过长，因此无法转学到普通学校就读。安妮在柏金斯盲人学校生活了6年，于1886年以优异成绩毕业，并代表毕业生致辞。学校已经完成教育使命，剩下的路就得靠她自己去闯荡了。

尽管安妮所受学校教育非常有限，而且她的视力极不稳定，但她仍希望从事有趣的工作，而不是去照顾一个盲聋儿童。然而凯勒上尉提供的工作对她而言是最好的选择。接受这份工作后，她不顾眼睛疼痛，阅读了豪博士关于劳拉·布里奇曼的教育的报告。她学会了手语，和其他同学一样，她学习手语主要是为了和劳拉交谈。劳拉一直隐居在柏金斯盲人学校，因为她无法适应外面的生活。即便如此，对劳拉教育所取得的成就仍旧是特教工作者努力的目标，毕竟还没有任何其他盲聋儿童达到过她的语言高度和教育水平。

1887年3月3日，安妮·莎莉文抵达塔斯喀姆比亚。她的双眼红肿，一部分原因是刚做完手术，一部分原因是因为想家哭泣所致。后来，海伦把这一天当做"灵魂诞生日"来纪念。刚开始，安妮在海伦的手掌心写着单词，同时相应地示范一个动作，设法让海伦明白自己的动作代表这个单词，而这个单词又意味着她正在做的动作。海伦就像一个聪明好奇的动物一样跟着她比划，对指令作出反应。

一个月后，小海伦的大脑开窍了。4月5日，对海伦而言又是一个意义非凡的日子。从这一天开始，海伦的认知开始和现实社会接轨，那个生活在无光无声世界的小幽灵获得了新生。当安妮·莎莉文把水泵到海伦的手掌心时，一道智慧的亮光划过海伦的脑海。她突然明白，"水"这个单词指的就是这种流动的、清凉的液体。在那个激动人心的刹那，她找到了通往现实王国的金钥匙。世界上的事物都有名字，而且她有办法了解这些事物的名字了。她用手语提出的第一个问题就是安妮·莎莉文小姐是干什么的。安妮立刻回答说："老师。"

从那天起，海伦的进步非常迅速，以至于教育学家开始意识到，一个伟大的老师，甚至比豪博士还伟大的老师，正在创造新的奇迹。海伦10岁的时候便向大家宣布，她要和健全人一样开口说话，而不是像聋哑人一样用手语交谈。在完成了11次会话课程之后，她断断续续地说出了石破天惊的一句话："我——不——再——是——哑巴——了。"由此看来，海伦似乎还是很有潜力可挖的。

这时公众舆论立刻分成两派：一部分人把老师丢在一边，认为海伦是个神童，另一部分人则把所有的荣誉都划归安妮，认为海伦只是机械地模仿。1892年，12岁的海伦由于在《霜王》中无意间剽窃了玛格丽特·坎比小姐的故事，所以第三种舆论开始占据上风——整个故事就是骗局，海伦·凯勒是个赝品，她的老师是个骗子。

这种言论让海伦很受伤害。然而还是有一些人，其中就包括贝尔博士，他们相信，是一个天赋十足、直觉敏锐的老师和一个聪明伶俐、热衷学习的学生在共同努力，创造人间奇迹。海伦和老师一直坚持朝既定的目标前进，从未放弃。海伦于1900年进入拉德克利夫学院学习，时年20岁。4年后，她获得了优等生学位。在与视听健全同学的竞争中，她赢了。

安妮于1936年病逝，人们始终会有疑问：海伦身上到底有多少成绩属于她自己？有多少成绩属于安妮？答案并不那么简单，在她们富有创造性的生活中，两个人谁也离不开谁。

从拉德克利夫学院毕业后，她们度过了一段非常愉快的时光，但是这段时光却非常短暂。长途旅行之后，她们搬迁到马萨诸塞州的伦瑟姆村定居，这是第一个真正属于她们自己的家。一年以后，安妮·莎莉文与约翰·梅西先生结婚。梅西先生既是个很有建树的文学评论家，又是个善解人意的交谈者和非常出色的生活伴侣。在一种和谐的气氛当中，他和海伦开始了文学创作活动。

在拉德克利夫学院时，海伦就已经在查尔斯·唐森德·科普兰教授的鼓励下，放弃了模仿他人的写作模式，开始专注于描写自己的生活经历。她的作品很快引起了校外舆论的关注，人们建议她把这些文章辑录成《我生活的故事》。梅西先生帮助她做了很多工作，增添了一些代表性信件，另外还增补了一些章节，其中包括安妮早前在亚拉巴马州与海伦往来的信件。1904年，《我生活的故事》一经出版便立刻成为经典，在过去的五十多年里反复刊印。

在大学期间，海伦还出版了另外一本书——《我的人生秘诀》。这是一本随笔。在书中她以反叛的精神大声抗议公众对她潮水般的同情和怜悯。

在伦瑟姆，她开始创作第三本书——《我感知的神奇世界》。在这本书里，她以孩子般的淘气，戏弄了那些怀疑她的权威学者。这些人认为她不可能描写自己看不见的世界，而且不应该使用表示颜色的词汇。

她非常渴望（当然是徒劳地），这是她人生最后一次被迫解释——通过与外界的联系以及运用自身的想象，她已经建立起了自己的世界。"真正的眼力在于心灵深处。"想象的翅膀可以把她送上阿波罗的战马。从摇曳的烛光、温暖的火光到炙热的阳光，她可以分辨光的强度变化。她知道害羞发热的小脸颊是绯红的，也知道春天刚刚舒展开的嫩叶是绿色的。因为她可以品尝同一种水果的不同滋味（比如说苹果），分辨出同一种花的不同芳香（比如玫瑰花），所以她可以推断每一种颜色都可能有不同的明暗度。当她用手指欣赏音乐的时候，到底听到了什么我们不得而知，但即使她能够找到语言来描述自己的感受，她也不可能比现在说得更明白。她在选择语言的时候，总是以思维为先，想到什么用什么。她不明白为什么自己必须刻意回避"我看到了"和"我听到了"这样简单明了的表达方式。

《我感知的神奇世界》于1908年面世。两年之后的1910年，她又出版了《石墙之歌》，这本诗集带给她的快乐最多，超出了她的其他任何作品。

此时的海伦·凯勒正大步迈向其事业和生活的巅峰，并且在公众面前树立起了很好的正面形象。由于海伦数年来一直在"炮轰"自己所生活的世界，她的新书《走出黑暗》直接点燃了这个火药桶。该书里收录了海伦·凯勒的几篇叛逆文章，其中一篇是《我是怎样成为一名社会主义者的》；另一篇是为西部矿工联合会辩解的文章；还有一篇是为妇女选举权大声呐喊的文章；另外三篇则号召给新生儿使用硝酸银滴眼液，以防止性病感染引发的新生儿失明。这些文章就如重磅炸弹，让世人震惊。此前人们拥有的海伦在苦难面前是个性格恬静、任由命运摆布的弱女子的印象由此得到改变。

海伦自己也非常震惊。她的震惊并不是因为朋友们对她这些新进展的困惑，而是出自对评论家的愤怒。一些评论家认为，她所表达的观点并非本人意愿，而且公然声称，她是被梅西夫妇和其他别有用心的人所利用。她愤怒，但没有动摇。

这对海伦来说是个沉重的打击，因为这意味着她必须放弃用笔杆子谋生这条路。她对自己人生故事的描写已经才思枯竭，而且也厌烦透顶，然而读者对她写别的任何事情都不买账。屋漏偏逢连阴雨，恩师安妮的视力急剧下降，她甚至不敢在陌生的地方自由行动。因为某些与海伦政治观点毫无瓜葛的理由，她的婚姻破裂了。更为糟糕的是，不仅恩师的身体状况不容乐观，经济上也日渐拮据。

　　安妮和海伦其实早已作好了面对各种困难的准备。早在1913年，她们师徒二人就开始小心翼翼地尝试演讲工作了。海伦的发音不是特别清晰，尽管从她说出那句石破天惊的"我——不——再——是——哑巴——了"之后的23年中，她一直在努力学习和训练，但还是没能实现自己的宏伟目标——像健全人一样说话。人们还是很难适应她从喉咙发出的含混不清的声音。首次面对公众演讲时，海伦对自己的声音没有把握，失去了往昔克服盲聋残障、学习手语的自信心。（她认为盲聋残障比起哑要轻，不会说话才是真正的残障。）但是有安妮在旁边解释、翻译，她的紧张情绪很快消失了，现场观众的反响也很热烈。如果不是老师的视力和身体不允许，她们完全可以继续从事这个前景看好的演讲工作。

　　支撑了不到3个月，她们不得不承认，仅凭二人之力，巡回演讲很难继续进行。让她们认识到这个残酷现实的是发生在缅因州巴斯市一家旅馆里的一次意外事故。这天夜里，老师突然病得很重，旁边除了海伦之外没有其他人。老师强撑着给宾馆的总台打电话求助……几天之后，她们磕磕绊绊地回到了伦瑟姆村。海伦决定向现实妥协。她主动写信给安德鲁·卡耐基[①]，申请之前她所高调拒绝的一笔救济金。这笔钱对于一个身体健全的人来说可能绰绰有余，但是对于两名残疾女人和一个挣工资的佣人来说，这笔钱就显得捉襟见肘了。安妮身体康复之后，她们又踏上了演讲之旅。

1914年初，她们开始了首次穿越美洲大陆之旅。这一次有海伦的妈妈陪同她们一起出发。但这仅仅是一次旅行，并没能从根本上解决无人照顾他们的问题。这个问题的彻底解决缘于返回途中与来自苏格兰格拉斯哥的波莉·汤姆森小姐的一次偶遇。当时波莉碰巧正在波士顿附近走亲戚。安妮决定雇她来担任她们师徒二人的帮手。波莉名义上的职务是秘书，但是至今没有一个合适的词语可以描述她在这个特殊家庭所承担的角色。当她适应了一个角色之后，新的工作又会增加给她。22年之后，当安妮离开这个世界的时候，波莉勇敢地承担起了安妮的工作。

---

[①]安德鲁·卡耐基（Andrew Carnegie，1835～1919），苏格兰裔美国实业家、慈善家、管理学家。曾与摩根、洛克菲勒并称美国三大财团。引退之后，他用毕生财富和精力帮助世界上需要帮助的人。

她们的演讲之旅一直持续到1916年。当时海伦被发生在欧洲的战争和美国本土的备战氛围所深深困扰。除了"和平"这个主题，她没有别的可以讲。她的声音被淹没在一片嘈杂声中。她们悻悻地回到家里，精疲力竭。伦瑟姆不能继续住下去了，因为她们负担不起这里的生活开支。但这只是众多麻烦中最小的一个。海伦回家之后寝食难安，总是被战争情景所折磨。安妮则咳嗽不止，根据实验室拍片的结果，她患上肺结核。医生建议她马上赶往普莱西德湖村进行治疗。波莉负责照顾安妮，焦急的海伦只好跟随母亲回到故乡亚拉巴马州。接下来安妮和波莉一起去了波多黎各。后来，她们被告知，安妮的病被误诊了，她根本就没有患肺结核。但是波多黎各之行为安妮带来了宁静的心情。

重聚后不久，她们在距离纽约不远的长岛森林岗贫民区购买了一幢房子，房子很简陋。当她们正在为下一步干什么而争论的时候，一个慈善家（要求匿名）找到她们，提出了一个很棒的计划。他建议以海伦的生活为原型，拍摄一部电影，相信对战时的美国社会很有意义，而且可以带给她们可观的收入。这时，金钱对海伦具有很大诱惑力。她知道卡耐基基金在她死后就会停止发放救济金。如果身体虚弱又几近失明的恩师比自己活得长久,她将身无分文。

满怀希望,她们心情愉快地坐上了开往好莱坞的火车。影片故事以真实情节开头,中间多处加入了象征等修辞手法,整个故事在铺张华丽的象征意境中结束,而且被恰如其分地命名为《拯救》。这个片子的票房并不理想,海伦希望从此挣大钱的想法也因此落空。然而,这些努力并没白费,1954年历史纪录片《不可征服的人》拍摄成功。这是一部反映海伦生活故事的纪录片,由南希·汉密尔顿制作完成。

为钱发愁的海伦,接下来把自己的视线转向了剧场的商业演出。在一个20分钟的独幕剧中,她和安妮共同展示了她接受教育、调整自己并适应这个世界的过程。如果这样的演出仅仅是在学校或者是在报告厅里,而且免收任何费用,那么公众评论一定是正面的。但是夹杂在杂耍、马戏等节目中,这样的表演立刻招致舆论的批评。有人认为,海伦是在通过展示自己谋取经济收益。事实其实也就是如此。海伦知道自己在做什么,而且为此感到自豪。在她的人生中,这是第一次靠自己的劳动养活自己。更为重要的是,她还靠自己的劳动养活了另外两个女人。这些演出的意义还远不止于此，她还通过演出，为恩师积攒了一点儿微薄积蓄。

这种剧场商业演出，和她之前做过的其他事情一样，只是谋生的权宜之计。这种演出断断续续地维持了4年。当海伦43岁的时候，她才真正开始从事其奋斗的事业。她从童年开始，就一直为这项工作作准备。无论在做什么，她都会抽出时间去帮助那些与她一样在黑暗中行走的盲人。只不过此前那些随意的助人行为在1923年的时候找到了更大的发挥空间和更明确的努力方向。在这一年，海伦正式加入了美国盲人基金会。

但过了一段时间，海伦才全职参与基金会的工作。因为她还有少量商业演出，同时签约的两本书籍也需要完成。其中一本是《我的信仰》，是应新教教会要求，对伊曼纽尔·斯维登堡[①]的作品进行赏析；另一本是《中流：我的激情岁月》，是应出版商要求写的自传故事。与此同时，海伦很快开始了在纽约周

---

[①]伊曼纽尔·斯维登堡（Emanuel Swedenberg，1688~1772），瑞典科学家、哲学家、神学家，宗教改革和新教创始人之一。他的著作《天堂与地狱》先后影响过很多人，比如爱默生、勃朗宁、海伦·凯勒等。

边地区的演讲活动。在准备演讲时，恩师是她的顾问；在发表演讲时，波莉又是必不可少的向导和翻译。

虽然海伦能够抛弃烦恼，勇敢地投入战斗，但是在为基金会拼命工作的最初几年，忧伤和焦虑一直困扰着她。恩师的身体状况每况愈下，她那原本可怜的视力也完全丧失。在1936年10月20日这天，恩师了无遗憾地走完了自己的传奇人生。在恩师临终前的几周，海伦曾试图安慰她说：

"恩师，您一定要康复，离开您，海伦终将一事无成。"

"那就意味着，"安妮失望地回答，"我彻底失败了。"

因为安妮的最终目标是让海伦获得自由、独立，甚至能脱离开老师。这种伤感只是瞬间的事情，因为安妮清楚地知道自己并没有失败。

海伦原本只打算再写最后一本书，书名叫《我的老师》。但是就在安妮去世不久的1936年11月4日，依然沉浸在悲痛之中的海伦以日记形式，提笔记录了她当时的思想和情感。她把11月4日到翌年4月的日记辑录出版，形成一本书——《海伦·凯勒日记》。

这本书完成于她远渡日本的轮船上，当时她应邀去日本为盲人作演讲。这是一个神圣的使命，因为她答应过恩师，要完成这个艰巨的任务。

从那时起，她就接受包括美国在内的各国政府的邀请，在美国盲人基金会、美国海外盲人基金会等特殊组织的帮助下，走遍了五大洲，用自己的奋斗经历和坚强意志为残疾人提供道义支持，为残疾人康复组织的领导人提供切实可行的建议。听过她演讲的人不仅有世界各地的盲人，而且还包括在欧美医院里的伤残士兵。

在周游世界的旅行间隙，海伦和波莉、赫伯特·哈斯[1]一直居住在康涅狄格州威斯波特的家里，直到她于1950年去世为止。这所房子是G·A·弗佛[2]先生帮助她们购买的。在那里，海伦开始了《我的老师》的写作。起初，她用盲文整理素材，有些东西已经有三十多年的历史。她收集了所有老师写给她的信件，

---

[1] 赫伯特·哈斯（Herbert Haas），海伦·凯勒的司机、勤杂工、特殊家庭成员之一，负责照顾年老体弱的安妮·莎莉文小姐。

[2] G·A·弗佛（G. A. Pfeiffer），美国慈善家、弗佛大学主要赞助者、弗佛基金会负责人，曾资助海伦在大火之后重建新家。

妈妈、妹妹、养父约翰·希茨①先生以及其他很多朋友给她的私人信件。不幸的是，1946年的一场大火使她的房子连同所有素材都被付之一炬，这对海伦来说可是一个沉重的打击。在朋友的资助下，房子得以重建，但资料全无。海伦毅然从零开始，重新写作《我的老师》。历史上还从没有哪一个作家像她那样执著。这本书就在她的心底，她必须写出来，以此报答老师的恩德。

  该书部分书稿是在我家里写成的，用的就是我的打字机——一台普通的便携式史密斯·科罗娜牌打字机。海伦只问过我句号是哪个键，之后她就能够熟练使用，仿佛在使用自己的打字机。她按照自己的习惯放好纸张，别人也从来不去碰这些东西。事实上，她把这些东西安排得井井有条，知道去哪里取白纸，往哪里放置打印的稿纸。她将废纸篓专门用于放置盲文注解条。如果她想找某张条，就自己去废纸篓里摸索。找到之后，她会把它举在胸前，用手指阅读，直到发现自己想要的东西。因此我们从来不翻动废纸篓

---

  ① 约翰·希茨（John Hitz），美国作家，曾任亚历山大·格雷厄姆·贝尔博士的私人秘书，是海伦·凯勒的养父。为纪念贝尔的父亲梅尔维尔，著有《亚历山大·梅尔维尔·贝尔》（1906）。

里的东西。

她一般每天工作六七个小时，而且很少间断。但是无论是自愿还是被迫中止，她都会记住自己键入的最后一个单词，只有一次例外。那是一天早上，我们匆忙地拽着她去看熊留在柏树下的足迹，结果她忘记了自己键入的最后一个单词。

打字时，她会一直向前，从不间断，因为她只能这么做，她无法回头浏览自己写过的东西。如果需要更正，她总是根据思路给编辑留下一张纸条："附在老师在墨西哥之后"、"插入关于德文郡那一段"、"请替换我描写情绪的那一段文字"……像这样的情况也不多见，根本不会给编辑构成麻烦。

安妮在世的时候，她会把整个手稿拼写到海伦的手心上，而现在，编辑安静地坐在旁边，用手语字母向海伦提问。编辑工作完成之后，手稿被翻译成盲文，以便海伦在闲暇的时候能够阅读自己的作品，尽管我们不知道海伦是否真有闲暇时间。她第一次阅读自己的书稿是在印度南部的一个山城候车的时候，是忙碌之中难得的片刻休息。

她对读者没有奢求，无非是希望读者能够把她当成一个视听健全的人来看待，把她当成一个普通的女人来对待，忘掉她是一个残疾人。这并不容易做到。有一次，我们遇到一个陌生男人，他主动在拥挤的人群中给她清理出一条去往电梯的通道，并且让我转告海伦，他和妻子都认为海伦是个圣徒。我告诉他说，海伦不喜欢这个称号。他回答说："她没有办法不接受，因为这就是我们的真实想法。"

海伦认为自己是上帝手中一颗普通的棋子，她把自己的一切成就归功于自己的恩师。海伦获得的荣誉数不胜数，对此她充满了感激。但海伦心中始终有个阴影挥之不去——只有极少数的奖章上有安妮的名字与她的名字为伴。而她认为自己所有的奖状、奖章都该写上另一个伟大的名字——安妮·莎莉文·梅西，因为这一切都是靠她们两个人的努力取得的，而且现在依然如此。

"人们认为恩师已经离我而去，"海伦曾经说，"其实她一刻都不曾离开过我。"

# 目 录

序　言

第一章　重塑恩师精神 / 1

　　　　我把这场大火看做恩师精神的重塑。它让我得以再次以全新的角度欣赏恩师魅力人格迸射出来的火花，能够更深刻地领悟她的人生如何成为我 50 年奋斗历程不可或缺的一部分。

　　　　　　　　　　——海伦·凯勒

　　攀登雅典卫城 / 2
　　痛失家园 / 6
　　回到废墟 / 10
　　找回心灵家园 / 12

第二章　自然教育法 / 15

　　恩师毫无畏惧地面对残酷现实，并且决

心推翻强加在海伦身上的盲、聋、哑"三座大山",用爱心和智慧弥补命运对海伦的残酷和不公。

——海伦·凯勒

开启智慧之门 / 17

回放"小恶魔"的蒙昧时光 / 21

激发求知欲 / 23

融于生活的游戏教学 / 26

养成独立阅读能力 / 29

## 第三章　良好行为的培养 / 31

"不能掌握语言,一个人就算不上严格意义上的人;不会讲话,一个人就不是完整的人。"怀着崇高的理想,她在海伦的手心划过一个个单词,如同流星从天而降,给海伦的人生带来了光明。

——海伦·凯勒

痛改恶习 / 32

恩师其人 / 36

学会写字和写作 / 45

开发话语能力 / 46

## 第四章　探索雕塑领域 / 51

除非我能编织出像蕾丝花边一样美丽的语言，就像我在布列塔尼和爱尔兰看到的那种蕾丝，否则很难找到更恰当的方式来告诉读者，恩师对我寄予的另一个厚望也像美丽的肥皂泡一样破灭了。

——海伦·凯勒

理解独立和自由 / 52
背诵经典诗歌和故事 / 54
尝试雕塑艺术 / 56

## 第五章　为海伦描绘万千世界 / 60

在恩师的指尖，单词如钟声悦耳，如涟漪悦目，如舞姿怡人，如蜂鸣示警。她让每一个单词都生动形象——让我生活的无声世界不再寂静。她让我触摸到的东西在脑海里变得可视、可听，甚至拥有了其他特质。

——海伦·凯勒

反常情绪 / 61

做回自己 / 62

超凡口才 / 63

残存的诗稿 / 64

## 第六章　为海伦接受正规教育奔波 / 68

恩师希望我接受教育，不断完善自己，并成为斟酒者，将关爱斟满别人的酒杯。我的教育是恩师最大的忧患，它比经济困难带来的恐惧要强烈得多。在维护我的事业时，她内心充满信心和勇气，没有什么困难可以阻挡她。

——海伦·凯勒

走出《霜王》事件的阴影 / 69

寻找适合海伦的教育机会 / 72

决定上大学 / 74

教育理念 / 75

追求完美的艺术气质 / 79

点燃生命新希望 / 83

## 第七章　锻炼海伦健康的体魄 / 91

恩师认为，健康是自由的首要前提。我

理所当然地利用每一点儿生命活力为自己创造新的自由。游泳和驾驶双轮马车使我对自身体力有了更大的自信，也使我变得更加健康。恩师让我快乐的新方式便是让我增强体力，提高生命质量。

——海伦·凯勒

不速之客 / 92

锻炼赢得健康 / 93

游泳健将 / 94

精于马术 / 95

## 第八章　帮助海伦完成大学学业 / 98

当医生得知恩师每天为我读书5个小时以上时，他惊呼道："哦，上帝！你简直是疯了，莎莉文小姐，如果凯勒小姐想要完成学业，你必须保证让你的眼睛得到足够的休息。"那一刻我是多么痛恨那些书啊！

——海伦·凯勒

恩师为我读书 / 99

治愈足疾 / 101

抉择 / 103

## 第九章　教导海伦应对挑战 / 104

> 恩师煞费苦心地让我接触一些年轻人，体验不同寻常的经历，以便为我身处的环境注入新的元素。我们应该不断改变自己，就像鸟儿不断地更换羽毛一样。正确的改变能帮助我们完善自己，这样我们的灵魂就能重获新生，插上勇敢的翅膀冲上更高的天空。
>
> ——海伦·凯勒

恩师的短暂姻缘 / 105

不断完善自己 / 106

挣脱"提线木偶"的束缚 / 109

不甘寂寞 / 111

## 第十章　指导海伦正确对待宗教信仰 / 113

尽管难以想象，恩师还是开启了上帝赋予我的各种能力——爱、思考、行动、语言，我是说人类所有的沟通渠道，人类生活的四个组成部分。对于和我一样的许多人而言，恩师简直就是动力之源，鼓励我们探索内心更为完美的自我。

——海伦·凯勒

信仰与宗教观的碰撞 / 115

体味恩师的不幸童年 / 120

被焚烧的日记 / 123

志同道合的朋友 / 128

创作《石墙之歌》/ 132

## 第十一章 与恩师心灵沟通 / 137

"即使我的大限来临，你也没有理由担心自己的未来，你完全可以继续生活下去……你不难发现未来的人生不会像你认识我之前那样绝望，更何况你相信上帝的眷顾和关爱。只要我们想走出困境，总会找到走出困境的办法，哪怕是世界上最为棘手的困境也不例外。"

——安妮·莎莉文·梅西

"欢乐岛"之游 / 141

走向成功 / 150

寻找个性发展空间 / 154

# 第十二章　演艺之旅 / 162

　　尽管我深知她对这些迎合普通观众的平庸台词无可奈何，但是无论演出多长时间，无论她有多么累，她表现出的敬业精神让我深深感动。

　　　　　　　　　　——海伦·凯勒

"触电"好莱坞 / 163

还以公道 / 165

智慧之源 / 168

商业演出 / 172

# 第十三章　梦想靠岸 / 177

　　恩师最早认识到，怜悯是危害盲人发展的绊脚石。在怜悯心驱使下，人们为盲童建造校舍，但是它们实际上是"收容所"，而不是"学校"。这种态度使原本善意的行为失去温馨。为不幸者垂泪、为人类无法抗拒的命运而感伤或许是诗意的，但这不是上帝期待的。

——海伦·凯勒

  寻找幸福蹊径 / 178

  坚持发声训练 / 182

  体会快乐 / 185

  新的证程 / 189

  恩师的主张 / 192

  并肩战斗 / 197

## 第十四章 鼓励海伦进行文学创作 / 202

  虽然视力每况愈下，但是她好像获得了不受视力干扰的预言能力。她简洁而清晰的语句，像利箭一样从我的弯弓射出，直指目标，我为她感到骄傲。

——海伦·凯勒

  督促海伦写作 / 203

  失明前夕 / 206

  忠实的读者 / 210

  思想与情感的交融 / 213

## 第十五章　为海伦缔造生命奇迹 / 217

　　我从不认为我比其他教师更有资格获得较多赞扬，那些老师也都为他们的学生付出了自己的所有精力。如果他们没有能够从牢笼中解放任何天使，那么，毫无疑问，这个世界上已经没有需要解放的天使了。

　　　　　　　　　　——安妮·莎莉文·梅西

走访文学圣地 / 218

探访恩师故里 / 221

为恩师加冕 / 224

"平等教育"理念 / 226

## 第十六章　永失我爱 / 233

　　伸出你的援助之手，忘我地工作，忠诚于残疾人事业，那将是你对我最好的纪念。海伦，也许你和他们之间存在一堵墙，但是你可以一块砖一块砖地把这堵墙敲掉，即使这样的工作会让你崩溃，也要像弗洛伦斯·南丁格尔式的白衣天使那样，鞠躬尽瘁，死而后已。

——安妮·莎莉文·梅西

纯朴的友谊 / 234

奏响不列颠 / 236

拳拳女儿心 / 246

不熄的爱 / 249

弥留之际 / 252

## 第十七章　日本之行 / 263

我相信，是恩师为我的灵魂插上了翅膀，帮助我克服对工作的畏难情绪。生活中的美好事物让我内心保持平和，帮助我克服先天言语缺陷，适应完全陌生的生活环境。

——海伦·凯勒

恩师生命重现 / 264

崇高印象 / 266

## 第十八章　实现恩师的理想与目标 / 271

我们走访了七十多家医院。令我惊讶的是，我发现困扰我一生的挫折感消失了。由于和各种各样的人打交道，工作不再显得单调，我也已经能够完整地理解生活，而不再像过去那样断章取义。这正是恩师在教育我的过程中倾注毕生精力要实现的目标。

——海伦·凯勒

慰问伤残士兵 / 272

斗志昂扬 / 276

生命之树的延伸 / 277

**译后记** / 285

# 第一章　重塑恩师精神[①]

　　我把这场大火看做恩师精神的重塑。它让我得以再次以全新的角度欣赏恩师魅力人格迸射出来的火花,能够更深刻地领悟她的人生是如何成为我50年奋斗历程不可或缺的一部分。

——海伦·凯勒

---

　　[①]原书没有章节标题,为方便读者阅读作品,翻译时增加了章节标题。

**2** 我的老师安妮·莎莉文

1946年11月的一个下午，我和波莉·汤姆森小姐一起登临雅典卫城①，城墙就在我们所住宾馆不远处。我们是乘坐一架美国军用飞机从意大利那不勒斯飞抵雅典的，主要目的是探访希腊南部盲人，了解那些在战争中失去视力的盲人的生活疾苦。此前，我们已拜访并慰问过英国、法国和意大利等国因战争而丧失视力的盲人。此行所见不仅让我们内心极度压抑，而且也使我们精疲力竭，我们并不愿意错过参观帕特农神庙②的机会。于是我们单独行动，开始了攀爬雅典卫城、拜谒帕特农神庙之旅。

## 攀登雅典卫城

攀登过程十分漫长，而且一点儿都不轻松。我们

---

①雅典卫城修建于公元前5世纪，集古希腊建筑与雕刻艺术之大成，是世界新七大奇迹之一，也称为雅典的阿克罗波利斯。希腊语"阿克罗波利斯"原意为"高处的城市"，是祭祀雅典守护神雅典娜的神圣地，建筑群建设的总负责人是雕刻家菲迪亚斯。

②帕特农神庙（又称雅典娜神庙）是雅典卫城的主体建筑，坐落在山上的最高处，在雅典的任何一处都可望见。始建于公元前447年，前438年完工并完成圣堂中的雅典娜像，前431年完成山花雕刻，主要设计人是伊克底努（Iktinus）。它是古希腊建筑艺术的纪念碑，代表了古希腊建筑艺术的最高成就，被称为"神庙中的神庙"，全部由白色大理石砌成。

沿着脚下粗石铺就的台阶，拾阶而上。在真正攀爬之前，我们在废墟中四处搜寻，发现了一根倒地的石柱。我好奇地从柱子的一端摸到另一端，想象着石柱如何能够矗立云端。当我们最终到达卫城之巅时，帕特农神庙那触手可及的壮丽与辉煌才真正展现在我们"眼前"。那些历经岁月洗礼和自然风蚀的石柱依然光滑圆润。对我而言，它们是一种象征符号，承载着天地间不可预期但却有待测量的神奇力量。

站在这样的高处，俯瞰雅典全城，亲手触摸古希腊建筑工程的辉煌杰作，让我有一种无以言表的震撼。我感受到一种庄严肃穆的气氛，仿佛与帕拉斯·雅典娜[①]同处一个空间，亲身感受众神莅临凡尘、奖励一切英雄壮举、惩罚一切邪恶犯罪的场面。

恩师（这是我对安妮·莎莉文·梅西的一贯称呼），当时也和我一同感受着这让人震撼的希腊文化。尽管别人看不到她的存在，我却坚信她的灵魂一直和我在一起，从未分离过。童年时，恩师不断给我重复的希腊神话故事和古代诗歌，这时仿佛都被激活，并

---

[①]帕拉斯·雅典娜（Pallas Athena），希腊神话中12个主要神灵之一，主神宙斯与聪慧女神墨提斯所生，象征智慧，爱好和平，被古希腊人尊奉为雅典守护神。

且活化为生动的现实。我与恩师当年扮演希腊人与野蛮人的情景，一下子又活脱脱地浮现在我的眼前。我原本丰富的想象力再一次被主神宙斯[①]闪电的力量和赫尔墨斯[②]脚蹬双翅鞋的魔力所唤醒。通过想象的眼睛，我看到了波塞冬[③]在海上拼命舞动他的三叉戟，也看到了珀尔塞福涅[④]尖叫着，被冥王普鲁托[⑤]劫掠到深不见底的黑暗王国。恩师给我讲过的有关特洛伊围城和屠城的故事再次从我大脑中闪过，好像经历一场做梦都难以想到的大灾难。

波莉和我又把注意力从卫城转向风景——在不远

---

[①]宙斯（Zeus），希腊众神和人类之父，统治奥林匹亚山。

[②]赫尔墨斯（Hermes），希腊神话中的偷神。赫尔墨斯被指定为宙斯和众神的传令官。众神赐他一双带翅膀的草鞋和一顶带翅膀的帽子，让他可以行动神速。赫尔墨斯成了宙斯和凡世之间传递消息的人。

[③]波塞冬（Poseidon），希腊神话中的海神，是克洛诺斯与瑞亚之子，宙斯之兄，地位仅次于宙斯，是希腊神话中的12个主神之一。他能够掀起或是平息狂暴的大海。

[④]珀尔塞福涅（Persephone），主神宙斯和农神（Demeter）所生，冥王哈德斯之妻，人称冥后。

[⑤]普鲁托（Pluto），古罗马神话中的冥王，在希腊神话中对应的是哈德斯（Hades）。此处海伦·凯勒的引用和希腊神话有出入，应当是讲述人莎莉文小姐的误传。

的小山上，为了矫正自己的口吃，德摩斯梯尼①每天都口含石子跑步；广场上，雅典的男人曾经聆听过伯里克利②的训导；也正是在这个广场上，让雅典人自豪的飞毛腿信使给他们带来了马拉松战役大捷的消息；同样是在这个广场上，欧里庇得斯③毫不畏惧地提高嗓门，饱含深情地为人类呐喊，声讨邪恶的奴隶制度；依旧是在这个广场上，苏格拉底开导过希腊的青年才俊，柏拉图给我们留下了宝贵的哲学财富，他们的思想至今仍然让读者耳目一新。

攀登雅典卫城的艰辛象征着我和恩师共同走过的风雨历程，使我增强了为盲人工作的劲头和信念。当我们穿梭在盲人聚居的营地时，我心头如同大山压境，拥堵难受。我深知，要帮他们学会自助，成为有

---

①德摩斯梯尼（Demosthenes，前384~前322），古希腊著名政治家、演说家、修辞家、律师，幼年口吃，为了练就口才，经常口含石子，练习吐字和发音。在反对亚历山大大帝向南扩张时事败自杀。

②伯里克利（Pericles，前495~前429），古希腊政治家、改革家，著名将军和演说家。被同时期的历史学家誉为"雅典第一公民"。

③欧里庇得斯（Euripides，前480~前406），古希腊著名悲剧作家，和埃斯库罗斯、索福克勒斯齐名，并称悲剧三大家。

用的公民，还需要数年的不懈努力。我能够感觉到自己所面临的困难，但是恩师坚韧不拔的精神激励我勇往直前。

## 痛失家园

在欧洲，直至150年前盲人才从绝望与迷茫中被解救出来。他们自然非常珍视自己在过上健全人生活的漫长旅途中那点儿来之不易的成果，包括：专门的学校、敬业的教师，以及从无到有慢慢积累起来的布莱尔盲文书刊。

然而，突如其来的第二次世界大战撕心裂肺般地掠走了一切——大量的欧洲盲人失去了亲人，失去了家园；他们来之不易的学校和车间要么被纳粹军队摧毁，要么被洗劫一空；他们的盲文刻字板被冶炼并铸造军火，盲文书刊被当做燃料烧掉；那些曾经为肢体健全的成年盲人提供就业的机构都停止了运营。痛苦与贫困的盲人俯拾皆是，在困厄并缺乏保障的生活中，他们对教育的需求比任何其他东西都更迫切。因为只有通过特殊教育，他们才能学会养活自己。

我意识到，尽管美国人民对不幸之人时常慷慨解囊，但是面对如此惨重的毁坏，为盲人重建人生家园是一项难以实现的任务。他们面临着修复那些被损坏的盲校、新建更多的盲校、购买价值昂贵的盲文印刷设备、添置教学设施等诸多艰巨工作。当时这些问题如同重锤敲打于心，让我感到锥心的切痛和巨大的压力。

在罗马的怡东酒店，我们收到一份电报，内容是我们位于康涅狄格州阿肯山庄的纯木结构的房子被大火焚毁。难以置信，我们眨眼间失去了我们和赫伯特（我们忠实的男仆）曾经打算共度余生的家。波莉和我从日本带回来的无可替代的珍宝，朋友送给我们的爱心礼品，我的私人图书馆里的珍贵图书、论文以及我所珍藏的妈妈、恩师及各地朋友写给我的信件等一切都毁了。波莉和我紧紧抱在一起，不知所措，我们陷入前所未有的恐惧之中。

最让我痛苦和不安的是，《我的老师》这本书的手稿也在大火中付之一炬。我为此倾注了20年心血，并已经完成四分之三了啊！我曾经告诉波莉，这本书稿的损毁对我而言就如同在盲聋基础上加上手足伤残。说话的同时，一股火苗在我体内燃烧，它不是要焚毁什么，也不是要抹黑什么，而是要照亮我的大脑，使我有一个明确的目标。想起欧洲肢体伤残的小盲童，我感到内心阵阵刺痛。

我接下来补充道："我会坚持下去的，这次书稿的损失不能和与恩师分别相提并论，它充其量损毁了我的物质家园。"

"是的，"波莉回答说，"一定要坚强起来，我们还需要为别人做很多工作。大家都信任我们，不能让他们失望。"

"还有，我们有很多好朋友，可以找到其他经济来源，这是很多人做梦都想拥有的。"

"完全正确！"重新鼓起勇气的波莉打了个响指，继续说，"这是个挑战，我们一定要坚持。"

赫伯特当时在巴黎，我们带他一起来的欧洲，希望他能够真正地享受一个假期，这也是他加入我们这个家庭12年来的头一次。他此前去荷兰拜访一个朋友，这时正在巴黎等候我们。重逢之后，他证实了我们的担心，阿肯山庄的房子被大火夷为平地。他一边流泪，一边叹息：

"我真希望自己当时留在家里，老师把你们两个托付给我照顾，我真希望自己当时留在家里。"

尽管我们努力宽慰他，可他情绪还是比较低落。然而，从认识到我们所面临的灾难那一刻起，我体验到超越狭隘自我的胜利，体验到坚强的人生——一种能够看得见、听得着的人生，能够创建精神家园的人生。这种精神在我体内升腾，膨胀，我突然感到欣慰，虽然失去了物质家园。

尽管有很多困难需要应对，但印象中经历的各种火焰却不停地在脑中浮现——我想起，在遭到纳粹空袭的国家，燃烧弹让那里的男女老少，无论看得见的还是看不见的，挣扎着去躲避灭顶之灾；我能看到，在纳粹主义（还有个好听的别名叫太阳崇拜教）的毒气室，大量犹太人被焚烧，"死亡之烟"令人窒息；我回忆起，第二次世界大战期间东京房屋被烈焰焚烧的情景，心在滴血。焚毁我家园的大火，把屠杀、掠夺、恐怖带给其他人的痛苦和悲哀活生生地展现在我的面前。一股无法熄灭的义愤之火在体内燃烧，我决心要通过一切可能的手段，祛除潜伏在人类身上的各种恶念：剥夺公民自由、否认人类亲情、侮辱人格、践踏他人幸福等。

我的思绪游荡于焚毁我家园之大火与给人类带来无尽灾难的战火之间。我走访了美国和欧洲各地的陆海军医院，慰问那里受伤的军人，目睹了他们的不幸和伤痛——残缺的肢体、无法愈合的伤口、高位截瘫的痛苦、骤然失明或者失聪带来的悲观与绝望。他们在与世隔绝的病房里挣扎，惧怕由于这样或那样的缺陷和疾病而被社会遗弃。带着这些模糊不清的痛苦记忆，我心中燃起比以往任何时候都更加坚定的信念，要将自己的目光瞄准人类良知的灯塔，努力救助苦难的人们，使他们的生活好起来。

## 回到废墟

我认为发生在我家的这场大火不是一场普通的灾难。通常情况下，无论是谁，不管他们多么伟大或者多么渺小，遇到这样的灾难都会使自己陷入慌乱甚至迷茫之中，而我则感到丝丝温暖和慰藉，因为我平平安安地活着，还有波莉和赫伯特陪伴左右。

12月20日，在威斯波特登陆之后，我们住在一所租赁的房子里。房子的主人是G·A·弗佛先生，我们称之为古斯叔叔。早在恩师作古之前，我就感受到了他的仁慈与关爱。

圣诞节早晨，波莉、赫伯特和我一起回到了被大火焚毁的家园。大多数房间已经不复存在，只剩下赫伯特的房间和车库的一个角落幸免于难。

站在房屋的废墟上，我们真切地感受到了一种前所未有的空虚和茫然。我仿佛大义凛然地行走在烈火之中，正如中世纪受到指控的人为了证明自己的清白，必须赴汤蹈火一样。

当我和恩师一同离开伦瑟姆故居的时候，曾经也伤感不已。但那时我们至少可以打点自己的图书和物品。有这些东西陪伴，我们能更好地调整自己，更快地适应全新的环境和陌生的面孔。

如今，我年少时的精神食粮全都被毁掉了。有些书是我旅行时必须随身携带的，有些书是我非常珍惜的礼物，它们来自我的母亲、恩师和养父——约翰·希茨先生。那本被我用手指触摸得凸点模糊的盲文版《圣经》以及声望仅次于《圣经》的莎士比亚作品也不复存在了；历代诗人的美妙作品也离我远去了，那和谐的韵律曾经一次又一次地在我寂静的世界里回荡。虽然此后我有幸得到一批又一批新的书籍，但是一想到原来那些书籍，一种莫名的痛苦和空虚便会袭上心头。

我和波莉紧握着对方的手，幻想着能在灰烬里找到弥足珍贵的恩师回忆录手稿和我们旅行中辛苦搜集的珍贵礼物。在那一刻，我感觉到一只神奇的"手"托起了我的灵魂，使我变得更加坚强。

……对于迷途的躯壳和感官，

生命属于死亡之神，

但是爱却永远不会迷航。

我们沿着废墟慢慢地搜寻，波莉找到了那棵被称为"恩师树"的针栎树。它象征着恩师的高尚境界，同时也是她光芒和智慧的体现。这棵针栎树的半边已经被严重烧伤，我们担心它能否熬过这个寒冷的冬天。没想到第二年春天，它的枝杈上居然长出了毛茸茸的叶子。更可喜的是，它在继续生长，树冠在继续伸展，它的树荫已足以遮挡夏日的艳阳。

## 找回心灵家园

几天后，我和波莉与我们亲爱的朋友、文学顾问内拉·布拉迪·亨尼进行了一次长谈，她是《安妮·莎莉文·梅西》一书的作者。在促膝长谈期间，我能够感受到她对我们遭受火灾的深切同情。她温柔话语中流淌出来的安慰和鼓励坚定了我与悲伤作斗争的信念。她引用古希腊人的一句名言："你不能为逆境所折服，要勇敢地面对未来。"她鼓励我说，应当心无旁骛，继续自己的工作，不必顾忌过去的责任和义务。

# 第一章 重塑恩师精神

我告诉她，非常奇怪的是，有一个沉寂多年的声音一直在告诫我：一定能在废墟中找回我们的家园。这个声音频繁地在我耳畔萦绕。当我从心头抹去火灾阴影之后，这个声音仍然不断鼓励我继续前行。

在与内拉的谈话中，我还提到了在火灾中失去的一些珍贵书籍——一本曾经跟随我搬过好几次家的《圣经》；我上大学前后由希茨先生抄录的斯维登堡的作品；我过生日时，哈佛天才卡尔·阿伦斯伯格送给我的生日礼物——一本厚厚的《爱丽丝梦游仙境》；被我密密麻麻注满了标记的一本破旧的《解放了的普罗米修斯》；由我妹妹米尔德里德转译成盲文并用红线装订的约翰·B·塔布[①]的诗集；另外还有数不清的其他珍宝。在我眼里这些东西都是无价之宝。

然而，我把这场大火看做恩师精神的重塑。它让我得以再次以全新的角度欣赏恩师魅力人格迸射出来的火花，能够更深刻地领悟她的人生是如何成为我50年奋斗历程不可或缺的一部分。

---

[①] 约翰·班尼斯特·塔布（John Bannister Tabb，1845～1909），美国诗人、教育家、天主教传教士。

内拉对我说:"在你重新写作恩师的传记时,她的精神火花会不时出现在你的脑海,温暖你、体恤你、启发你,而不是让你劳神。"

我被内拉的信任深深地打动了,其实恩师的故事通过她的生动讲述已经深入人心。我非常热切地希望透过一个女人本能的心灵之光带给读者一些新的理解,至少我有一颗渴望幸福生活的心和一双欣赏人间至善至美的"心灵之眼"。

# 第二章　自然教育法

恩师毫无畏惧地面对残酷现实，并且决心推翻强加在海伦身上的盲、聋、哑"三座大山"，用爱心和智慧弥补命运对海伦的残酷和不公。

——海伦·凯勒

也许大家不信，正是来自恩师灵魂深处那团明亮、清晰的火花，化解了海伦长期压抑、得不到缓释的坏脾气，点亮了她走出乌有世界的强烈愿望。智慧的星星之火其实就来自于"水"这个单词。

恩师不相信大自然是人类可靠的朋友，正是这一认识倔强地支撑着她去努力解放海伦这个"恶魔"（我更愿意把当年那个年少无知、性情乖张的小丫头叫做"恶魔"。）传统意义上的同情和怜悯远远不足以描述恩师那源源不断的教学热情和动力。

恩师幼年起就开始与视障进行抗争。她在波士顿柏金斯盲人学校期间视力曾经部分恢复，而这并没有使她战胜残疾、提升自我的奋斗停止。这种抗争一直持续到她生命结束。

无论在私下里，还是在公开场合，恩师都对给人带来痛苦的病魔表示了强烈的憎恶。正是邪恶的病魔损毁了她的视力，也葬送了全世界数百万人的健康和幸福。因此她在对付海伦身上盲、聋、哑三重魔咒时毫不留情。这三重魔咒让可怜的小海伦生活在黑暗的地狱里，十分压抑。她毫无畏惧地面对残酷现实，并且决心推翻强加在海伦身上的盲、聋、哑"三座大山"，用爱心和智慧来弥补命运对小海伦的残酷和不公。

## 开启智慧之门

　　对恩师这段生活的回忆，通常会让我郁郁寡欢。我希望她体验到视力恢复并能够独立阅读的狂喜之后，能发现有一个听话的学生。但是，甭提了！"恶魔"对亲情没有一点儿直觉认识。在"它"的脑海里，友善的声音和灿烂微笑相伴的童年记忆随着失聪失明而变得沉寂与暗淡。那时的海伦长得敦实、强壮，有点儿鲁莽，而且无所畏惧。她根本不懂得服从，而且无视别人的宽容和友善。在第一次上课时，必须有人用力把她拽上楼梯，她才肯就范。

　　海伦的餐桌礼仪非常糟糕。"恶魔"的坏习惯就是用手从餐桌上每个人的盘子里抓取食物。安妮·莎莉文无法容忍这样的行为，对海伦实施了强制教育。家里人不愿看到她受体罚，都离开了吃饭的屋子。在争斗中，"恶魔"表现得像个凶煞，蹬腿、尖叫、用手掐老师，差点儿把安妮从凳子上踢倒。但是安妮最终还是成功地强迫"它"用勺子吃饭，而不是用手去盘子里直接抓东西吃。

　　后来有一次，"恶魔"把餐巾扔到地上，安妮让"它"捡起，"它"不捡。经过一个小时的争执，安妮才成功地让海伦自己捡起餐巾，并把它叠好。

还有一天上午，"恶魔"不愿意坐下来学习那些对自己毫无意义的单词，并且一气之下，把桌子踢翻在地。当安妮把桌子摆放到原位要求继续上课时，"恶魔"的拳头像闪电般飞向安妮，打掉了安妮两颗牙齿。

但是，让这个心怀崇高目标的姑娘生气的事情还远不止这些。"恶魔"的父母在安妮用纪律约束"它"的时候，总是干涉她。因此在征得凯勒夫妇的同意之后，安妮带着小海伦搬到了离家不远的一幢小房子里。房子非常安静，而且有花园。家具也都换成了原来的，为的是不让小海伦感觉环境陌生——她当时的嗅觉非常灵敏。

恩师与我的父母达成协议，家人每天可以来看我，但是不能让我发觉他们的来访。我从恩师后来的回忆录里得知，我们两个人当时被幽禁在小房里。我非常钦佩她怎么敢和一个对自身安全构成巨大威胁的"恶魔"独处一室。

至此，我已经提到好几次发生在我和恩师之间的争斗，目的并非是简单地强调这些争斗的细节，而是想通过它来印证恩师当时工作的艰辛。

## 第二章  自然教育法

在《我生活的故事》里，我漫不经心地描述了一个乐观、上进的小女孩儿，但是我没能充分强调恩师在教育我的过程中所面临的障碍和困难。那本书还有许多遗漏和不足，作为一个有良知的成年人，我不得不对恩师当年所作的牺牲加以补充叙述。

在对那段生活的回忆里，我依然清晰地记得，身处陌生环境的"恶魔"疯狂地抓、拼命地推、不顾一切地捶打，目的就是为了挣脱紧抱着"它"的老师。"它"像一匹桀骜不驯的小马驹，四蹄前蹬后踹！这是体格结实的"恶魔"在奋力痛击自己的假想敌。一场又一场床头混战的场面不断浮现在我的脑海里，每次都是安妮用果断的手势，要求"恶魔"起床、就寝或者穿衣。

"小恶魔"当时没有时间观念。很多年以后，"小恶魔"才理解安妮当年费尽心血、耗时无数的努力，是为了让自己学会服从，而又不至于精神崩溃。即使是这一点，到我们重新搬回家的时候，也只是实现了部分预定目标。

那时，"小恶魔"非常生气，因为安妮没完没了地在"它"的手心上比划着"水"和"缸子"的区别。在触觉记忆中，我仿佛又听到房间里急促的脚步声，一只大手——是妈妈的手——把海伦拽到一边，在屁股上暴打一通。

此后，"小恶魔"有所进步，但是"它"依然缺乏健全孩子对表扬的喜爱。"它"并不理解，自己受到惩罚是因为不辨对错。"它"的身体在发育成长，但是"它"的心智却被禁锢在黑暗中等待启迪，就如同打火石需要摩擦才能火光四溅一样。

然而1887年4月5日这一天，也就是恩师到达塔斯喀姆比亚一个月之后，安妮终于触及海伦意识深处。

这一切就发生在井房，当时安妮教给海伦的单词是"水"。"恶魔"手里捧着水缸子在出水口，安妮用力往缸子里注水。当水顺着海伦的小手溢出来时，安妮在海伦的另一只手心拼写着w-a-t-e-r（水）这几个字母。突然间，"恶魔"领会了这个单词的意思，智慧的火花开始在"它"的大脑里摇曳、升腾。

自从生病以来，这是海伦第一次真正意义上感到喜悦。她急切地伸手去向安妮求教更多的单词，希望辨认她能触摸到的任何一个物体。智慧的火花不断地在她的脑海里闪现、汇集，直到她冰冷的心开始融化，开始萌生爱意。从井房里走出来两个狂喜的人，相互之间的称呼是"海伦"和"老师"。毫无疑问，这种喜悦对海伦来说意味着即将从永恒的黑暗走向多姿多彩的生活。

在《我生活的故事》里，我对小海伦在语言和会话学习方面取得的进步的描写不够全面，这令我至今遗憾不已。那本书的叙述视角有点儿错位，甚至失真，对于普通读者来讲，仿佛海伦在刹那之间掌握了整个语言的奥秘。在那本书里，我对语言学习毫无艺术可言的叙述一定在读者心目中引起了非常大的误会。换一个稍具批评头脑、心智更为成熟的作家，则一定会从更为合适的视角来讲述海伦语言学习的进程。

## 回放"小恶魔"的蒙昧时光

我的成长过程是恩师毕生心血的见证。我不妨冒着重复啰唆之嫌，给大家介绍从19个月大就失明失聪的真实的海伦·凯勒。

带着莫名的恐惧，海伦从光明世界坠落到黑暗的地狱。往日的风声"它"再也听不到，死一般的寂静笼罩着"它"的精神世界和"它"所穿行的物质世界。

心智的干涸使"它"的生命枯萎，先前掌握的那点儿可怜的语言也从记忆里消失殆尽。曾经指引"它"奔跑，并给"它"方向感的阳光没有了往日的斑斓色彩。"它"那曾目睹周围笑脸的双眸，现在只能看到空洞的漆黑一片。春天亮丽的紫罗兰和果树上缤纷的花朵、夏天累累的果实、秋天丰硕的收获，对"它"都已经没有意义。心中的小鸟停止了歌唱，因为"它"无法回应它们的喜悦。

"它"身体的其他功能都健全，但是却远离真正意义上的童年生活，这让"它"的父母倍感凄惶。曾经让身边人愉悦的笑脸，被一副茫然和桀骜不驯的面孔所替代；曾经给人希望的咿呀学语、贪玩好动、活泼机智，都成了遥远的记忆。

绝望中，家人发现孩子的智力发育受到严重阻碍。"恶魔"对自己在黑暗中触摸到的东西毫无兴趣。

"恶魔"并没有为自己的混沌状态寻求解决办法，因为"它"根本不懂混沌意味着什么。"它"也没有寻求结束生命，因为"它"对死亡也没有概念。"它"手指触碰到的东西都是一团模糊，既没有悬念，也没有预期；谈不上好奇，也无所谓对错。如果让"它"

站在一群人中间，"它"丝毫没有集体的概念。所有东西对"它"都没有意义。

"它"脾气越来越坏，容易发怒，这些都不是我通过情感记忆回想起来的，而是通过触觉记忆，诸如拳打、脚踢等发泄怒气的方式想起的。

同样，我能够想起泪水顺着脸颊流淌，但不是因为伤心。大脑中没有表示这种情感或者任何其他情感的词汇，因此这些情感在大脑中也不会留下任何痕迹。

"它"不知道影子，那是因为"它"没有物体的概念；"它"也没有漂亮、对称以及比例的概念。这些都是人类的基本需要，正是这些需要才使得语言产生了大量具体而生动的表达方式。

直到井房的故事发生之后，"恶魔"才真正有了一种想学习的冲动——去了解"它"想要的东西的名字，去了解"它"触摸到的东西的名字。即使在那时，这种欲望也还只是一种非常原始的冲动。

## 激发求知欲

发生在井房里的故事，让"它"心中那个虚无缥缈的世界消失了，但是"恶魔"并没有回到真正意义的人类社会里。"它"能够准确无误地把触摸到的物体和相应的单词对应起来,比如"水泵"、"地面"、"宝宝"、"老师"等。"它"完全沉浸在一种被解放的喜悦之中,因为"它"学会了表达自己的生活需要。"它"当时被老师深深吸引,但这并不是被迫的,而是一种自然的需求。因为"它"渴望从老师灵动的指尖获取所需要的词汇,就如同婴儿寻找母亲的乳头是为了获取乳汁一样。

"它"只是简单地认知学过的单词,并且记住它们,以备使用之需。

"它"很少反思什么,也不尝试独立描述任何事物。但是"它"所掌握的第一批单词,就好像照耀到冰雪上的第一束阳光,一点一点、一片一片地融化冬日寒冷的积雪。

当"它"掌握了一定数量的名词之后,开始学习形容词,这时"它"语言学习的速度加快了。终于,恩师开始教"它"动词——一个接着一个,有时甚至一组动词同时教。

但是对于海伦而言,这些单词之间没有任何联系,没有形状、没有构造,也无法想象。渐渐地,她开始提一些最简单的问题。她还不能领会诸如"什么"、"哪里"、"怎么"、"为什么"这些单词的意义，也不能像常人一样理解所学过的短语和词组。但是当她学习了这些词汇和短语，并且说出困惑时，来自老师手指尖的答案祛除了她内心的孤立和无助感。

此后，海伦经常用手语和老师交谈。对小海伦而言，这真是神奇，生活从过去破碎的摸索记忆变成了可以用手交谈的美妙时光！

恩师一定花费了不少心血来猜测一个在黑暗中挣扎的儿童想要努力表达的想法。为了看清楚海伦飞舞着比划的手指，恩师原本不好的视力一定不堪其苦。随着求知欲的增强，海伦非常渴望在短短的数月时间里掌握健全儿童在 5 年前就该开始学习的词汇。

凭借获得的零散的基本信息，所有触摸到的物体对海伦而言具有了全新的意义。"地球"、"空气"、"水"都在老师富有创意的双手里变得易于理解。

过去那个混沌、无知的"恶魔"逐渐死去，一个全新的生命呈现在海伦家人面前——母亲和父亲、妹妹米尔德里德、雷拉表姐和她的小女儿，以及多年来一直忍受她撒野并努力想陪她玩耍的黑人儿童。

## 融于生活的游戏教学

早期教育的真正奇迹是海伦在孤独中重新找到玩伴时的那种潮水般的喜悦，并不是海伦在书中所提到的征服语言工具的"显著"进步。

安妮·莎莉文对海伦早期教育的重要步骤之一就是教海伦如何玩耍。她在游戏中利用了一种培养能力的元素，要不是这样，无论是语言学习还是技能传授，都不大可能实现。

海伦自失聪再也没有笑过。当海伦学会服从，并且具备一定耐心之后，老师笑着走进房间，空气里弥漫着愉快的气氛。老师把海伦的小手放到自己面带笑容的脸颊上，用指尖拼写着"笑"这个单词；接着老师温柔地胳肢海伦，直到她突然发出笑声。这笑声让所有家人都感到非常高兴。通过一起荡秋千、翻跟斗、双脚跳、单脚跳、腾空跳等一系列嬉闹和玩耍，老师引导海伦学习一些表示动作的单词。

几天后，海伦完全变了一个人，浑身散发着快乐。啊！她和安妮之间的游戏是多么神奇有趣呀！她浑身洋溢着，不，是爆发出兴奋的光彩。那种无以言表的喜悦、那种新奇发现所带来的活力，如同阳光一样拥抱着海伦。在与海伦的嬉闹中,老师本人也好像被带到了一个"仙境",连她自己童年都不知道的、极富创意的游戏天赋都被激发出来。

各种运动、锻炼以及游戏使海伦的求知欲望得到了激发。她不断地询问这些动作的名称,通过安妮指尖不断涌现的智慧火花追求新的知识。她们在一起捉迷藏、拍球,或者与小猫和小狗一起玩耍嬉戏。安妮的指尖在积极地刺激海伦的掌心,这种从指尖拼写焕发的魔力是她终生难以忘怀的。

安妮在房间里养了一些鸽子,目的是通过放它们出笼并追赶它们,让海伦感受鸟儿飞过时产生的空气流动并想象出翅膀的力量。后来鸽子克服了胆怯心理,轻轻地落在海伦的头或者肩膀上。海伦学会了给鸽子喂食,聆听它们的叫声,感受它们啄食和鼓翼的声音。尽管看不见鸽子的样子,但是它们仍然和花草、石头一样是海伦生活的重要组成部分。

在海伦的兔笼子里,养着几只眼睛如红宝石般透亮的大白兔。安妮先前也没有接触过兔子,被它们那一直颤摇、一张一歙的鼻子逗得很开心。然而安妮似乎感觉兔子咀嚼食物的方式不太正确。一天,她试图让其中的一只兔子改变咀嚼方式。这让海伦的父母捧腹大笑，乐得泪花都流出来了。老师对动物学也有很多错误认识，毕竟她只受过6年学校教育。然而她和海伦一起通过饲养家兔，发现了许多关于兔子令人兴奋的知识。

正是通过这种方式，令人愉悦的单词教学游戏得以不断创新，直到海伦能够通过手指"听见"自己坐骑"王子"的嘶鸣声、奶牛哞哞的闷叫声、小猪吱吱的尖叫声、大公鸡精力充沛的打鸣声等。海伦自己不会唱歌，也不会自鸣得意，但是正如恩师曾经说的，她脸上所呈现的喜悦之情绝对不是学会说话时的表情所能比拟的。

我的写作也许有点儿杂乱无章，但这正如诗人勃朗宁所说：星星，对他而言一会儿闪着红光，一会儿又放射蓝光。海伦被重新唤醒的童年生活就如同晨星一样不断变换着展现在我的面前。

毫不夸张地说，安妮把她从书本上获得的所有有关动植物和矿物质的知识，以及自己的活力、想象力、智慧和天真都给予了那个焦躁不安、永不满足的学生。

海伦沉浸在全新的幸福生活中，而老师却清醒地记得要践行自己的承诺——努力通过自己的智慧和经验去弥补学生身上的缺陷——传递爱心、发挥自己的创造才能以及教授文学，使孩子的一些官能在某种程度上得到恢复，尽管这些能力被无情地剥夺了。

这就是我很久以后才发现的恩师当时的真实感受。无论海伦在什么时候把名词、动词或者介词混淆了，并且通过手势表达出自己的困惑，恩师总能提供一到两个重要的词汇或者句子帮助学生找到个性化的表达。

## 养成独立阅读能力

海伦稍大点儿之后，安妮开始用《鹅妈妈》的韵律或者简单而强烈的诗歌节奏逗她发笑。这个过程和健全人学习阅读的过程毫无二致，无需给她解释每一个单词，而是要她自己去猜测意思。海伦当时对诗歌的狂热反应至今令人震惊！

什么甜美气息与你同在，
醉人四溢的百里香？
什么声音令你心喜若狂，
夜晚鼎盛的芬芳？

这就是海伦与恩师一起吟诵诗歌时的真实感受。

安妮纤细的手指充满神奇的魔力,在海伦的掌心不断划动,如同游走在流淌的音乐节奏中。安妮还时不时地勾住海伦的手指,来传递触觉所能表达的最为精确的欢喜与痛苦之情。

渐渐地,安妮与海伦一起阅读的时间延长了,阅读的次数也更多了。海伦所学习的新单词像智慧的火花一样,帮助她想出新问题,从而促进她学习更多的单词。

除了安妮用手指在掌心拼写帮她阅读,她自己也学会了独立阅读,读书迅速扩大了她的词汇量。学会说话加速了她大脑思维走向更加连贯和合理。

但是正如我前面所述,在《我生活的故事》里,我没有充分地分析幼年海伦在接受教育之前的实际状况,也没有合理描述她学习语言的几个连续阶段,更没有仔细分析恩师所采用的教学方法合乎自然规律的一面。同时,我不经意间省略了安妮·莎莉文所承担的多方面任务,忽略了她克服一切不利因素,把一个盲聋儿童带入正常生活的努力。

# 第三章　良好行为的培养

"不能掌握语言，一个人就算不上严格意义上的人；不会讲话，一个人就不是完整的人。"怀着崇高的理想，她在海伦的手心划过一个个单词，如同流星从天而降，给海伦的人生带来了光明。

——海伦·凯勒

## 痛改恶习

安妮曾经感慨小海伦是多么鲁莽和笨拙。她花了几周时间才逐渐改变海伦自己并未意识到的一个劣习，即她常常下意识地用手粗暴地推开自己碰到的东西，无论是台灯还是其他物件。为了保持海伦的运动热情，安妮需要教会她如何轻柔地对待自己所接触的一切，诸如一只关在笼子里的金丝雀、浑身长满茸毛的小猫咪、娇嫩欲滴的玫瑰，以及秋千上刚满一岁的妹妹米尔德里德等。

让小海伦认识到适度适量的重要性，是以一只乳鸽的死亡为代价的。当时海伦给它喂了过量的食物。至今想起这件事我还感到伤心。

还有一次，安妮发现小海伦在无情地捅咕一只刚抓来的蚱蜢。蚱蜢被放在一只不透气的盒子里，海伦试图让它唱歌。（事实上，海伦以为蚱蜢不知道疼痛。）如果不是安妮·莎莉文的细心观察和纠正，不知道有多少脆弱的生命会被这个鲁莽的孩子弄伤或者吓到。

除了训练海伦正确的坐姿、站相和优雅的走路姿势外，安妮还和大多数父母一样耐心地教导她学会清

第三章　良好行为的培养　33

洗耳朵后面的积垢，梳理自己的头发以及穿着干净的衣服。这种教育花费了很长一段时间，因为海伦对形体姿态没有任何概念，而且她不愿意被人反复纠正。

她简直就是个屡教不改的小恶魔。恩师费尽九牛二虎之力才纠正了海伦动辄就拿她不喜欢的奶奶撒气的恶习。

对于海伦这样坏脾气的孩子，任何说教都是徒劳。安妮尽量耐着性子，宽容地和她相处了一到两年的时间。但是终于有一天，这个恶魔的冥顽不化达到了让人不能坐视不理的程度，安妮不得不采取措施把她从恶习中解救出来，否则她只会变得更加不可救药。

海伦一直都有咬手指甲的习惯。一天，当她又在咬手指甲的时候，一只大手突然迅速地落在她的脸上，重重地扇了她一耳光。接下来，她的双手被反剪到后背，从而斩断了她与外界的所有交流渠道。

也正是在这种时候，海伦想要表达思想的欲望变得非常强烈，以至于她开始与自己的心魔[①]抗争。然

---

[①]原文"亚玻伦"（Apollyon）为《圣经》里的地狱恶魔。译者根据汉语文化和上下文语境转译为心魔。

而，她的痛苦远远不能与安妮所受的折磨相提并论。在海伦接受惩罚时，安妮会焦躁不安地在屋里踱步，既无心读书，也没有兴趣做任何其他事情。

海伦喜欢用手指不断地在掌心拼写单词，即使学会说话之后，她也很难改掉这个毛病。恩师所有的批评、劝说都无济于事，任凭她滔滔不绝地列举好孩子的榜样，海伦就是听不进去。正是在这个阶段，我了解到人的习惯，无论好坏，就像拧绳子，一绺一绺地逐渐变粗变结实，一点儿一点儿地变牢固，直到你无法冲破这些习惯的束缚。我下定决心，努力克制用手指拼写的冲动，争取不让它成为一个无法摆脱的积习。

为了实现这个目标，我请求恩师把我的手指用纸包裹起来。她答应了我的请求，但是内心却因剥夺我的自由而饱受煎熬，甚至为此伤心落泪。不知多少个钟点，多少个日夜，我搜肠刮肚地在脑海里构思我想说的话，虽然辛苦，但是整个实验还是成功的。直到现在，我还会在情绪激动或者是睡眼惺忪时，偶尔不自觉地用手指书写自己的想法。

我们不妨回顾一下恩师与我在刚开始一两年内的教学生活。

在相当长一段时间内，小海伦无法专心上课，观察事物也不够细心。当时她比较喜欢戴戒指，恩师往往会在海伦犯错误时，没收她的戒指，让她站在屋角，直到她认为自己的学生受到了应有的惩罚。

当海伦能够区分善恶对错时，恩师也会像对待其他淘气的孩子一样，让小海伦上床静思。

慵懒、邋遢、拖沓是海伦令人担忧的缺点，恩师用她独有的聪明才智、诙谐幽默和善意的嘲讽帮助海伦克服了这些毛病。

替自己狡辩是海伦性格中的另一个弱点，安妮一直坚持与海伦的这个毛病作斗争，情况直到海伦青春期以后才有所好转。但即使是现在，稍不注意她就会旧病复发。

我提到这些，仅仅是为了让读者能够真正理解恩师为我的成长所付出的努力和所承受的痛苦与磨难。

我相信，恩师在那段日子里一定觉得自己像植物的根系，仅仅是为了积攒足够的能量，而在黑暗冰冷的土壤里努力劳作。而这段时间也成为我最甜蜜的回忆，因为恩师曾说，她人生中的这段岁月充满了幸福和快乐。

她的人生终于有了目标，而且她的人格魅力与光辉也得以向四周辐射。尽管贫穷、视障、思想上孤独，但是她用自己的精神感召了其他老师，并带领他们一起冲破黑暗，消除愚昧、野蛮和生理残疾。她认为，自己和这些人肩并肩超然于时代，一起用知识解放身有残疾的人们，而且从他们忘我的生活中不断地获得激励，使自己变得越来越坚强。

## 恩师其人

恩师从来都不是有些文章中描述的那种古板教师，相反，她是一个活泼少女，有着超凡的想象力。她有个与众不同的梦想，那就是把海伦由一个盲聋"小恶魔"改造为一个对社会有益的人。怀着崇高的理想，她在海伦的手心划过一个个单词，如同流星从天而降，给海伦的人生带来了光明。时至今日，每当回忆起恩师的手指在我掌心划过时那触电般的感觉，我的心灵就为之振奋。

厌倦了那些不假思索就堆在我头上的褒扬之辞，我更愿意听到人们赞赏莎莉文老师为把一个盲、聋、哑三重残障的"小恶魔"带回正常人生轨迹所付出的创造性努力。这可真不是一件容易完成的任务！

给海伦启蒙教育绝非随意为之，而是有着严密的计划，恩师的天赋加快了海伦大脑启蒙和智力开化的进程。我诚恳地希望本书能够为我们师生二人过去的努力和所取得的成功赢得人们发自内心的尊重，而不是被当成茶余饭后的谈资。

尽管安妮的视力不好，但是她的视听感官仍然灵敏。安妮纯正的英语和对美好事物的热爱是她改变海伦人生最重要的因素。对优秀的文学作品、优良的人品和良好的人际关系的热爱，构成了她短暂学校教育的主要特征，也形成了她对社会不公的深刻感受，但同时也铸就了她坚强的人格。

谁能够想象，她是如何战胜童年的不幸遭遇和生活窘境的？谁能够想象，一个寄人篱下而且双目失明的小女孩儿面临怎样的人生苦难？她必定是战胜了自身的残障，同时克服了生活中的巨大困难才取得成功的。

她把自己当做是我的眼睛和耳朵。她不仅为一个渴望知识的灵魂提供健全人的语言和知识，同时还得忍辱负重承受学生飞扬跋扈的个性。

由于性格中固有的偏执、韧劲，恩师和埃米尔所羡慕的女人不一样，因为那些女人只是希望按自己的方式去积德行善，而恩师却虔诚向善，一心一意只想让学生受益。

更深深打动我的是，在把我从漆黑、寂静的地狱解救出来的过程中，恩师所表现出来的自信和定力。她本可以在其他领域轻松成名，但是我不知道她为什么选择教我，而且这一教就长达半个世纪。

很自然地，小海伦当时只知道安妮是一个可爱的向导，有着让人着迷的知识传授技巧。恩师从来都不愿意让自己童年在蒂克斯伯里救济院生活的阴影影响一个在幸福环境下成长的快乐心灵。她把这段痛苦的经历深埋在心底，直到她64岁、我50岁的时候才向我倾诉。

她像个孩子一样讲述她的经历。她出生在马萨诸塞州的费丁希尔村，有个弟弟叫吉米，她曾为了他的夭折而悲痛欲绝。在我不断要求下，她断断续续地提起自己的妹妹玛丽和其他的童年女伴以及她爸爸给她讲过的爱尔兰平民的故事。这些伤心往事使这个孤独的女人与她学生的关系更加亲密。

安妮从来没有抱怨过自己的孤独与落寞。因此当我回首早年往事时，时常被她的信心打动。那时候，她总是不断地迸发出创意和灵感，努力把我这个没有希望的学生培养成一个能够自立的人。她探索的领域

## 第三章　良好行为的培养

唤起了她善良的本性——无私的愿望、冒险的精神和对成功的渴求。我敢肯定，历史上没有第二个人会相信一个既盲又聋的人能够走上健全人的生活轨迹。

可是请记住，安妮·莎莉文实现了这个远大的理想。她是如何构想出这个完美目标的，而且为什么要终生坚持这个目标，我不得而知。但是通过她指尖的只言片语我了解到，她的心中对我的未来有一个时而光明、时而暗淡的美好愿景——把我塑造成"天使般的孩子""气度优雅的仙女""一个声音甜润，为残疾人事业奔走呼吁的年轻女性"以及其他还没有能够实现的角色。想到这些，我不禁潸然泪下。

每当我触摸到果树上盛开的花朵，立刻就联想到安妮对我所充满的期望和慷慨付出，这种美好期望让我的心灵震撼。她憧憬每一个摇篮都孕育着一个将来能有一番作为的孩子。的确，她和A·E·豪斯曼[①]有着某种心灵上的默契，因为我经常发现她手捧后者的诗集爱不释手。他们都攀爬着梦想之梯，追求一切

---

[①] 阿尔弗雷德·爱德华·豪斯曼（Alfred Edward Housman, 1859～1936），英国诗人、古典文学研究者。代表作诗集《希罗普郡一少年》、《最后的诗》，慨叹人生无常，一切皆归虚幻，反映了诗人悲观的生活态度。

美好的、纯洁的和让人陶醉的东西，而这些美好的东西都是任何恶劣环境无法从他们生命中夺走的。我曾经认真地祈祷，并且相信她毕生追求的"美丽"能够永远与他们同在。我也相信追求卓越的高尚理想正是她追求一切美好事物的动力源泉。

安妮·莎莉文生性适合在优美的环境中一丝不苟地生活，她浑身洋溢着艺术的气息和学者的风范。她以自己的工作能够体现人类的尊严而自豪，容不得有半点差池。尽管她随时准备为残疾人服务，但人类任何丑陋的行为或者生活中任何龌龊的场景都会让她饱受折磨，任何畸形的东西都会让她感到厌恶。对于任何让人丧失颜面的贫穷，她看在眼里，痛在心头。我知道她曾经整夜无眠，躺在床上冥思苦想，寻求好的解决办法。

她对生活中美好的事物有敏锐的洞察力。有时候，她会因为看到漂亮的脸蛋、绚丽的风景以及优美的艺术作品而热泪盈眶。如果一个精美的花瓶或者一尊优美的塑像被打碎，她就会很伤心，很生气，正如居里夫人会因为学徒在实验中弄脏桌子发火一样。

在童年的记忆中，我和安妮曾经到过波士顿的一家商店。她被店里的一件裘皮披肩所吸引，为了它，她把微薄的工资都花光了。我当时在现场，而且是积极的合谋者。她自豪地戴上披肩，一路走回我们寄宿的柏金斯盲人学校。事后，因为老师那少女般的爱慕虚荣，我们被狠狠地批了一顿，但是她却因为能够把自己辛苦挣来的工资花在一件自己喜欢的披肩上而倍感自豪。至今想起来，我依然觉得好笑。

下面这段话有点儿离题，但却可以展示恩师的气质和驱使她拼命工作的内在动力。要不是对卓越的执著追求，她不可能在一个偏僻的小村庄，索然寡味地教授一个残障学生。有时她也会变得不耐烦，而且在我手心拼写她的郁闷，周围的一切与她的心情似乎格格不入。

记得有一次，我引用了别人的一句话，把年轻的安妮给逗笑了。"日复一日，万事蹉跎；生活枯燥，如夜鹰鸣叫，怎一个单调了得？"

但是恩师骨子里的执著禀性成全了她的工作，给她平凡的教学中增添了梦想的美丽色彩以及温暖爱心的光芒。她也正是借助这个秘密武器，为我创造了一个记忆中永远温馨、快乐的童年。

在来到我家之前，恩师就借助部分恢复的视力，努力研读了塞缪尔·格里德利·豪博士关于劳拉·布里奇曼的教育报告。希望借此作好准备，来挑战自己并不了解的工作——从黑暗与寂静中拯救一个灵魂。即使在那个时候，她也不能连续很长时间读书，必须给眼睛以足够的休息。现在，随着工作量的加大和工作细节的繁琐，恩师刚开始恢复的视力再一次告急。

但是，很久以后，小海伦才认识到，为了给自己读书，安妮给自己非常脆弱的视力增加了非常沉重的负担。有时海伦发现安妮躺在床上遭受头疼恶心的折磨，但是她并不愿提及自己的眼睛。一旦痛苦缓解，恩师继续用手指在海伦的掌心拼写单词，讲解希腊神话故事，而且还不断提议由她们两个人来扮演故事中的人物。身体稍加恢复，她就与海伦一起玩游戏，扮演珀尔塞福涅和冥王普鲁托，或者阿尔弋英雄、珀尔修斯和阿里阿德涅以及博阿迪西亚女王和她的罗马征服者。

海伦9岁时，安妮首次提到了自己眼疾的严重程度，而且说自己必须离开一段时间，去波士顿看眼科医生。即使在那时，小海伦还是不完全理解安妮所说的话，她仍然天真地认为恩师的眼睛很快会好起来。她并没有意识到安妮的视力需要持久的关爱，也不知道为了自己的教育，安妮把医生的忠告全抛诸脑后。

当麻烦再度困扰老师的时候，海伦不断地问：

## 第三章　良好行为的培养

"是什么东西让你的眼睛如此痛苦呀？"

"唉，各种不同的事情。"安妮会不经意地回答说，"照在红土上的阳光对眼睛不好。"或者她会说，"我昨天花在写作上的时间太长了。"

但是此后不久，海伦就发现她总是把书放在距离眼睛很近的地方，这与其他人读书的方式大不相同。于是她好奇地问："您为什么读书时总把书放得那么近，几乎要贴着脸了？而且您的头还不停地从一边晃到另一边？"

这时，恩师才承认自己的视力有多么糟糕。"别担心，海伦，"她马上安慰说，"我很愉快，因为我可以读书，可以看得见天空、大地和流水的颜色，可以到处自由走动。"接下来她继续说，"当上午光线特别充足时，我可以看得很清楚。"海伦当时就明白了，恩师最需要的是休息，让她的眼睛充分休息。于是，她下定决心只让恩师在上午的时候给自己读书，下午她会想方设法拉着她去散步或做游戏。有一次，海伦发现恩师在下午读书，就生气地扯她的胳膊，试图把书打翻在地，但又怕砸到其他东西。"我的视力只能看清一英寸远的东西。"恩师痛苦地承认了这个事实。海伦让她在床上躺了一个下午，直到吃晚饭才起来。

多年以后，海伦才明白安妮一直在透支视力，为了提高授课水平以及获取与教学有关的信息，她只是偶尔娱乐一下。恩师几乎在阅读这些宝贵知识的同时毁掉了自己的视力。她追求的不单纯是知识，而是那些为自己和海伦精选的数以千计的代表真正文化和修养的辞章和句子。从某种角度看，安妮和海伦是一起成长的两个孩子，只不过安妮所受的教育少而零散，而海伦所得到的系统教育则能够让她在课本里愉快地学习，在游戏中尽情地倾诉。

每当回忆起恩师为了我的教育而牺牲自己的视力时，我总是情不自禁地把她的双眼想象成"优雅的精灵"。它们太娇嫩，以至于无法完成主人苛刻而又不停歇的指令，经常还会无故地遭受病痛折磨。恩师双眼的视力不一致，都不能很好地聚光。但是这双眼睛还是非常努力，甚至劳累过度，尽力地为主人服务。有时候，它们实在需要休息，就会随主人到户外享受几个小时难得的阳光。大多数时候它们必须吃力地阅读大量书籍，陶冶主人的情操。

　　它那芳香的花蕊和奇特的颜色，
　　永远沐浴在神圣的甘露中。

年幼的海伦不会在这些事情上耗费过多的时间，但是随着逐渐长大成熟，恩师的视力问题越发成为压在她心头的重负。而且最为残酷的事实是，对于恩师每况愈下的视力，她只能保持缄默。

然而，恩师乐观向上的生活态度使她在工作和失落之间能够保持一种平衡。尽管恩师的个性绝非文静型，她的冲动很可能让她在看了海伦第一眼后就决定离开，然而她经过冷静的思考，决定陪海伦共进退。

## 学会写字和写作

用铅笔写字这件事就是一个很好的例子。最初，海伦非常喜欢用铅笔在盲文写字板上拼写字母。几个月后，她开始深深地厌恶这件事情，因为有太多的人写信要她为朋友和亲戚签名。后果是她细嫩的小手经常酸痛，大拇指上竟然因为紧握铅笔而磨出了趼子。

现在想起来还觉得好笑，写作曾经是让小海伦头疼的工作。比较好玩儿的是老师竟然让海伦坐在桌边，并建议她练习写作的时候应该"思考"。可怜的小海伦就像牡蛎一样本能地缩回自己的躯壳，拒绝给出任何即时想法，拒绝提出任何问题，直到现在我依然为她在纸上所写的空洞文章而感到羞愧。

有一天，小海伦被留在屋子里练习写作，桌子上摆满了刚刚烤熟的椰子夹心蛋糕，这是恩师和妈妈为翌日海伦的生日准备的。她那叛逆的小心思开始作怪。蛋糕的诱惑让她的情绪高涨，狼吞虎咽地吃掉两三个之后，她的情绪回落，开始坐在桌边练习。然而当人们反复诱导她写字的时候，她终于失去自控能力，大喊大叫，非常生气。

"你这个没有良心的小家伙！"恩师在她的掌心狠狠地掴了几下，接着说道，"身边人对你那么友善，我为你的行为感到羞耻。"

但是，在内心深处，她还是站在海伦一边。从此以后，她减少了对海伦隐私的侵犯，只是偶尔提出一些要求。后来她跟我承认自己非常后悔，当初不该让我花那么多的时间在写字板上练习写字。在我学会打字以后，写字板就彻底用不着了。

## 开发话语能力

为了激活海伦的思想，安妮鼓励她学习朗费罗[①]

---

[①]亨利·华兹华斯·朗费罗（Henry Wadsworth Longfellow，1807~1882），美国著名诗人。《海华沙之歌》及《伊凡吉琳》都是他的著名诗作。

的《海华沙之歌》及《伊凡吉琳》的部分章节，以及布莱恩特①的《致水鸟》。海伦很高兴地认为，诗歌和音乐这对孪生姐妹会帮助她克服发音道路上的障碍。恩师也非常赞同她这样的想法。

安妮努力寻找一种方法，想让海伦能够像学习手语一样学会开口说话。她认为海伦渴望掌握语言，渴望学会说话，因为她坚信："不能掌握语言，一个人就算不上严格意义上的人；不会讲话，一个人就不是完整的人"。

出于一种直觉，安妮深刻认识到话语教育在聋人教育中的重要性，而海伦急于开口说话的愿望让师生二人坚定不移地开始了艰难的探索。

在师从波士顿的萨拉·富勒小姐学习了11次发音课程后，安妮再次以她特有的精神开始从事新的探索。但是这一次踏上征程的时候，她有点儿恐惧和颤抖，没有了她用手语教我时的自信。

而且一个悲哀的事实是，她和富勒小姐一开始都犯了严重的错误——她们没有从开发我的发音器官开

---

①威廉·卡伦·布莱恩特（William Cullen Bryant，1794～1878），美国浪漫主义诗人、记者。

始,而是直接进行发音训练。学会说话的努力让我懂得了人类与自身局限作斗争的艰辛,这种意识直到今天还伴随着我。

即使海伦的发音艰涩难听,安妮还是因为海伦学会了说话而异常高兴。她那受到手语限制的思想,从此得到解放。这种束缚得以解脱,是因为她能越来越快地组织词语,传达思想,她的舌头也适应了思维的节奏。她感到一阵狂喜,因为她的家人和一些密友能听懂她所说的话了。

这些更为充实的生活也激发了安妮的热情。她曾经不止一次地说过,愿意放弃今生甚至来世一切美好的东西,也要让海伦像健全人那样说话。

"啊,不,您千万别这么做!"海伦哭着哀求老师。

但是这并不能阻止恩师对完美的追求,从本性上讲,她是一个构想家、开拓者,而且也是一个追求完整人生的朝圣者。就这样,日复一日,年复一年,恩师用她的辛苦操劳为我开发了话语能力。

对她在这方面的艰辛工作的细节我就不再赘述,因为其他的书里已经涉及这方面的内容。我必须提到的是直到查尔斯·怀特①先生——一位波士顿音乐学院的声乐老师，利用三个暑假的时间给我讲解会话课，恩师和我才意识到我们当初的错误——我们直接学说话，但是忽略了开发发声器官这个过程。

让恩师感到揪心的是，在我成长的岁月里，她没有必要的发声知识和空闲时间来培养我的说话能力。然而抱定不服输的勇气和从怀特先生那里学来的理论，她坚持帮助我改进说话方式。

她一边辛勤教学，一边筹划未来。在恩师的身上，我感受到她超人的耐心和毅力。她把我的双手放在她的脸颊上，以便我能够立刻感受到她嘴唇和咽喉部位的振动。我们一起逐个单词、逐个句子地反复训练，直到我的舌头不再那么僵硬，我对自己的发音有了感觉。

这样的反复练习持续了好多年。直到恩师病倒，她一双可怜的眼睛还一直在忠实地承担着观察我学习状况的任务，确保我的嘴唇到位，口型正确，上下颌骨之间运动自如，面部表情贴切自然。

---

①查尔斯·怀特（Charles White，1829～1892），美国著名声乐教育家，曾帮助海伦·凯勒进行发音训练。

在这个世界上，最让我伤心的就是我的进步远没有达到安妮小姐作为语言老师和语言艺术家对我的期望。但是能够掌握说话的基本要领，极大地增强了我服务他人的能力，我把自己习得的这一宝贵技能归功于我的恩师——安妮·莎莉文。

# 第四章　探索雕塑领域

除非我能编织出像蕾丝花边一样美丽的语言，就像我在布列塔尼和爱尔兰看到的那种蕾丝，否则很难找到更恰当的方式来告诉读者，恩师对我寄予的另一个厚望也像美丽的肥皂泡一样最终破灭了。

——海伦·凯勒

随着说话能力的习得，我的智力发育从幼儿期进入一个新阶段。我逐步走向独立，开始意识到自我的存在，并渴望能够独立自主。这个时期的我依然快乐，只不过还是有点儿怠惰和粗心大意。恩师发现我固执己见，而且不能轻易让我改变主意，于是她努力引导我的思维向更高层次发展。她没有给我强加任何课程。自从我不再像以前那样打碎东西，她开始给我足够的自由，任凭我在熟悉的环境里尽情地玩耍嬉戏。

## 理解独立和自由

虽然安妮坚信应该给孩子自由，但她并没有高估孩子的自我生存能力。当我和安妮谈论独立问题时，她发现我并没有意识到命运让我有与别的孩子大不相同的境况。当时安妮对我说："如果你能像最初独立的13个州一样，完全实现自由和独立，那就太棒了。"

但是安妮却逐渐让我认识到我在生理上需要依赖他人的事实。

"我的听觉正常，而且还有一点儿视力，"她说，"即便是这样，由于我的视觉障碍，我仍然长期需要外界的帮助。在成长的过程中最好要当心，不能在生活的迷宫中失去方向。就像你鼓励我那样，追随阿里阿德涅①的指引——认真掂量你所拥有的能力,并使它们得到充分发挥。无论发生什么,都要记住,你要取得的真正独立是灵魂与精神上的自由和独立。"

"我可以阅读,而且我要细细品味我能得到的每一本书。"我大声宣布。

"那是通向独立的必经之路,"安妮说,"但这还不够,如果长大后你只是个书呆子,那么对这个世界又能有什么贡献呢?让我们来看看你能怎样通过读书给周围的人带来快乐。从学习朗费罗的两首小诗《孩子的时辰》和《群星之光》入手,我们可以不断地重复,直到能够被人们理解。"

随后恩师举了一个很恰当的例子。故事的主人公和我年龄差不多,很聪明,是沃尔特·司各特②的小

---

①阿里阿德涅是古典神话中克里特岛国王米诺斯的女儿,她的母亲帕西法厄生了一个牛头人身的怪物,米诺斯把它幽禁在一座迷宫里,并命令雅典人民每年进贡七对童男童女喂养这个怪物。雅典王子忒修斯发誓要为民除害,他借助阿里阿德涅给他的线球和魔刀,杀死这个怪物后沿着线顺来路走出了迷宫。阿里阿德涅的线团是个典故,喻指解决问题的办法。

②沃尔特·司各特(Walter Scott,1771~1832),英国诗人和小说家。因患小儿麻痹症而跛脚,终生残疾,但他以惊人的毅力战胜残疾,学会骑马、狩猎。

伙伴。他用清脆明亮的嗓音背诵司各特的诗句，使许多人感到愉悦。

## 背诵经典诗歌和故事

我听过各种各样的诗，有的柔美，有的豪迈，有的诙谐幽默。安妮和我无数次地尝试，用我的语言再现它们的美妙。我曾经背诵《伊凡吉琳》里的大部分句子，这让安妮非常高兴。她殷切地鼓励我，让我全身心投入到背诵故事和诗歌的精彩章节中去。

安妮急切地强调："不要只看故事情节，更要寻找故事中金光闪闪的伟大思想。借助它们，你有可能成为虽然腿瘸，但却声音甜美、内心阳光的宙斯的女儿——希腊人把她们叫做祈祷者。谁又能保证你不会赢得听众，用你所背诗句的思想性去打动别人呢？"

我一遍接一遍地尝试。哦，原来禁果的诱惑对一个年少不解风情的书呆子起不了什么作用！除了日常课程和言语练习，我几乎没有时间去朗读和背诵诗歌。相反，我却心不在焉地读起了《庞贝古城的末日》。

"逮着了，被发现了，现原形了！"安妮会突然出现在身边，发现我膝盖上放着一本经典好书，却心猿

## 第四章　探索雕塑领域

意马。这时，我只能乞求她高抬贵手，放我一马。

有时候，我只是静静地坐着，闻着树篱和南方玫瑰的芳香。和背诵诗歌相比，我更喜欢把时间用在这儿。

安妮往往会失望并气愤地说："真丢人！你的书里有那么多精彩的词汇和奇妙的思想，而你却坐在这儿像一头面目呆滞的小牛犊。"

说完她就会一直不理我，直到第二天才会笑着说："过来，让我们练习一些你最拿手的长句子——你说长句比短句要好，我想知道这是为什么。"

我记得课上的几个重要的单词——"态度"、"高度"、"可观的"和"惊呆的"。我之所以能够回想起最后一个词，是因为有一次我无意中吓着她了。当时我的喉咙和舌头同时发僵，安妮显然被吓着了，她大声说道：

"哦，好了，海伦！你好像被惊呆了。"

练习一段时间后，安妮会对我说："来吧，看看你能否把语调和感情融合到诗歌的意境里。"

对于她的要求，有时候我能做到，可有时候我就做不到。安妮会为我的每一点儿进步而高兴，同样也会因为我的退步而严厉地批评我。我担心这种旨在让我变成另一个玛乔里·道（沃尔特·司各特的小朋友）的努力根本就不值得，而且我可能会让她失望。

恩师总是紧张地看着我的脸和嘴唇，就好像她自己随时都有可能失明似的。每当想起她的思想、她的凯尔特人的激情，甚至她的脾气，以及她在诗歌海洋里为我的精神世界锻造的那艘帮我加速脱离愚昧无知黑暗世界的"青铜和水晶小船"，我的内心禁不住暖流涌动。但是，每当想起她在我身上付出的那些没有回报的努力，所浪费的精力和损耗的视力，我也会同样伤心。

## 尝试雕塑艺术

除非我能编织出像蕾丝花边一样美丽的语言，就像我在布列塔尼和爱尔兰看到的那种蕾丝，否则很难找到更恰当的方式来告诉读者，恩师对我寄予的另一个厚望也像美丽的肥皂泡一样最终破灭了。

在波士顿访问期间，我们遇到了一个画家——阿尔伯特·亨利·孟塞尔[①]，他给我画了一幅肖像，并

---

[①] 阿尔伯特·亨利·孟塞尔（Albert Henry Munsell，1858～1918），美国著名画家、艺术教师、孟塞尔颜色系统的发明者，擅长画海和人物。曾与海伦·凯勒和安妮·莎莉文有过往来。

对我说："我觉得你对雕塑很有天赋，你有一双像艺术家一样敏感的手。为什么不尝试着成为一名雕塑家呢？"

他的语言打动了安妮和我，让我们发现了新的希望。其实，手术后不久，安妮曾堆了一个雪人，但是当时她并没有告诉我。直到几年以后，我才知道她具有雕塑的天赋，而且要不是因为我，这个天赋完全可以更好地开发。

如果我的触觉可以开发出更为敏感的能力，对安妮来讲是件愉快的事情。安妮希望我有朝一日能够塑造出一件漂亮而且有影响力的造型艺术作品。她也想知道，以一个盲人的审美观，经过学习，是否能创造出价值较高的雕塑作品。渴望探究人类潜能的欲望，引导着安妮在追求美好事物的道路上永往直前。安妮甚至暗自想，如何通过其他科目的训练提高我对艺术的认识，并让我对创作产生兴趣。

我们一起上了几节艺术课，一开始用蜡，后来用黏土。刚开始时，我被自己塑造出的作品深深地吸引住了——带茶托的茶杯、篮子、各种各样的水果等等。恩师满怀希望地看着我，想象着我塑造稀有蕨类植物或鸟类标本的那一刻。

"轻柔地触摸一切事物，就像你摸花一样；观察，观察，再观察，就像你听我的声音一样；用黏土造型的时候要认真地模仿。"她告诫我说。

为了能够令她满意，我会一直练到筋疲力尽。她给我读雕塑家的传记，希望我看到他们为取得成功而付出的巨大努力。

在她的鼓励下我又试了一次。但是让我伤心的是，我雕塑的树橛粗大，不自然，也不生动，一点儿都不像我在树林里摸到的那种。恩师坚持让我正确地模仿，唉！但是我并没表现出她希望看到的那种毅力。

相比之下，我更喜欢读书。我知道她是不会答应的，她一定要让我经得起枯燥生活的考验。但是结果并不尽如人意。

一天早上，她终于忍不住发怒了，把又冷又潮湿的泥巴打在了我的脸上。尽管如此，恩师的性格中透着可爱，她会很快对自己的狂怒表示忏悔，用能够想到的各种恶语来咒骂自己。

狂风暴雨之后，她立即过来安慰我说："请原谅我，海伦！因为我从没有把你当成一个聋哑人——这一切都是因为我太爱你了。但是我应该知道你也是一个普通人，我不应该这么急于求成，以至于让你没有放松的时间。"

一个如此聪慧的女人在乞求一个孩子的原谅，就像李尔王乞求考狄利亚①的原谅一样。还有什么比这更令人感动的呢？但是她的苦口婆心并没有改变一个悲哀的事实，她没能赋予我魔力，没能改变我的个性。你要知道正是凭借常人没有的魔力，她才把自己从一个和我一样固执的小女孩儿变成了现在的老师。我也同样遗憾，当时没能全身心投身于这个伟大的尝试，只是心不在焉地应付差事。

晚年，我曾完成一个头部雕像，有一两位艺术家甚至暗示说这个作品至少反映了我追求的精神理想。如果那个时候有空闲，我可能会因为恩师的缘故，或者是为了满足创作的欲望，而去努力尝试完成一件盲聋人从来没完成过的艺术作品。其实并不是恩师，而是命运，或者说是那个潜意识中有点儿乖张并且固执的小女孩儿，注定了我未来的人生格局。

---

①考狄利亚（Cordelia），莎士比亚戏剧《李尔王》中的主人公。考狄利亚是李尔王的第三个女儿，因不愿奉承父亲，没有分到国土。其他两个女儿在得到各自的一半疆土之后，遗弃父亲；只有远嫁法兰西为皇后的考狄利亚在替父亲伸张正义的战争中丧命。李尔王抚尸痛哭，悔恨交加而死。

# 第五章　为海伦描绘万千世界

在恩师的指尖，单词如钟声悦耳，如涟漪悦目，如舞姿怡人，如蜂鸣示警。她让每一个单词都生动形象——让我生活的无声世界不再寂静。她让我触摸到的东西在脑海里变得可视、可听，甚至拥有了其他特质。

——海伦·凯勒

## 第五章　为海伦描绘万千世界

在我 15 岁、恩师 29 岁时，我才对她的性格有所了解。当我变得成熟些后，恩师让我目睹并感受了她的各种情绪状态，使我对命运的多舛有了更多的认识和心理准备。

## 反常情绪

当我 15 岁，能够近距离观察她的时候，才发现她常常情绪波动。

"你在写作中不能引用下面的故事。"她会这样对我说。

然而，我接下来听到的却是那些令人厌烦的女人的事情。那些女人用愚蠢的生活琐事和无聊的社交活动来折磨她，而我和恩师对生活的看法则与她们完全不同。在我们的社交圈子里通常会出现伟大、睿智、有影响力的人，她们中不乏秀外慧中而且口若悬河的才女，恩师往往被她们的谈吐所吸引。最让她看不过去的是那些缺乏思想的闲谈、没有个性的言行和有失风度的举止。她对那些生就贫穷和缺乏教育的人可以宽容，但是却决不原谅那些原本有钱接受教育却不在乎提高修养的人。

恩师也曾有过抑郁无助的时候。尽管时间不长，那时的她却很难让人接近。即使是最要好的朋友、最善意的举动,她也会选择躲开。她有时飞跑躲进树林里,有时则悄悄躲在岸边的一艘小船旁边,经常一躲就是几个小时。然而很快,她又会回到朋友那儿请求原谅。

有一次,她患上一种叫丹毒的皮肤病,对任何人都避而不见,甚至连我都躲着不见。就这样失踪整整一天,直到晚饭的时候,我妈妈才发现她悄悄地躺在床上。唉!我曾经遇到过一些愚蠢的人,他们不相信人还会得抑郁这种疾病。尽管我说的都是真话,也无法让他们完全相信。毫无疑问,那些抑郁的情绪是她早年在柏金斯盲人学校落下的痼疾,而且直到她离开人世之前都在间歇性发作,这种郁闷的心情对她恢复视力没有丝毫益处。

## 做回自己

每次情绪低落过后,恩师都能勇敢地振作起来。尽管她还不时陷入焦虑状态,但是除了睡觉以外,她从没有错过任何一次心智练习的机会,也从来没有搁置这种训练。她的大脑就像无情的监工一样,始终指引着她按照自己的航向前行。清醒时,她会非常理智地分析自己所面临的困难，而且立刻调整心态，重新做回那个乐观向上、健康进取和幽默风趣的自己。在我帮她录入的大量信件中，我亲眼见证了她是如何专注于需要周密考虑的事情，并且制订长远计划，比如帮助我完成大学教育。

多年以后，恩师和我一起访问了爱尔兰。直到现在我还记得那个国家——那里到处都是潮湿、坚硬、在阳光下熠熠发光的岩石，色彩斑斓的花朵和生机盎然的绿叶交相辉映。那里的人们活力十足，争强好胜，喜欢开玩笑，对任何事情都有点儿好奇和着迷。整个民族的这些特征，根据气候变化的节奏，要么完美结合，要么此消彼长，实在有点儿奇妙。

## 超凡口才

恩师的逻辑思维其实并不是很强，然而她却是我所熟悉的人中唯一能够与人激烈争辩并最终取胜的女人。与人争论时，她的反击十分果断，并且激情四射，以至于你无法忽视她那言辞猛烈的抨击和评论。对于教育、政治、宗教，或其他任何一个人文交叉学科领域，她都不喜欢老生常谈，而喜欢听些新颖的观点。听一个冗长的自然科学或哲学讲座，对她来说是一件十分痛苦的事情。但是像马克·吐温和贝尔博士的演讲却能让她凝神静气地聆听，并且会使她在很长一段时间里感到余音绕梁、精神焕发。她不太赞同使用过多的修辞艺术，但是对一个人高超的语言表达能力却欣赏有加。

我并不想和她争吵——我也吵不过她——因为她能使我陷入混乱状态，并且让我一句话也说不出来。尤其是当她思维活跃或者在气头上的时候。她的言辞自然流畅，情感丰富，观点精辟独到，时而让我头晕目眩，时而让我兴高采烈，时而让我目瞪口呆。

## 残存的诗稿

只有在向我描述大自然的美妙时，她才会用诗人般的口吻，而且会在灵感来临的时候，悄悄写下一些美妙诗句。其大部分诗稿在阿肯山庄的大火中已付之一炬，下面是残存的一小段：

当上帝打开光之门，
月边栖息着大自然的美景，
比如鸟儿的灵魂。
生命之溪源远流长，

## 第五章 为海伦描绘万千世界

穿越时空；
却无人看到光明，
因为黑暗遮住了他们的眼睛。
所有的一切游离在大海之中，
所有的沉思在宁静之夜倾泻，
犹如夜晚盛开的花朵，
沉浸在四月的雨季，
努力雕琢，
犹如贝壳里的珍珠。

将手伸向夜空，
远点儿，再远点儿，
手湿润了，
触碰到那银色的雨滴，
触摸着她能感受到的一切。
微风徐徐，
驱赶着黑夜的雨滴，
迎来了光明的世界。

如果恩师视力允许的话，我想她肯定会着迷于浩瀚的星空、变幻莫测的奇观。事实上，她更喜爱畅游在书的世界里，但她那极不稳定的视力却使她只能汲取其中很小的一部分知识！

　　诗歌和音乐是她的人生伴侣。在恩师的指尖，单词如钟声悦耳，如涟漪悦目，如舞姿怡人，如蜂鸣示警。她让每一个单词都生动形象——让我生活的无声世界不再寂静。她让我触摸到的东西在脑海里变得可视、可听，甚至拥有了其他特质。她让我从感官上认识了我们能够触摸到的物质世界——夏日的宁静、日光下肥皂泡沫的闪动、鸟儿的歌唱、暴风雨的怒吼、各种昆虫的鸣叫、树叶的窃窃私语。无论是你喜欢的还是不喜欢的声音，她都描绘得十分清晰，如熟悉的炉火的嘶嘶颤动、丝绸的沙沙作响、大门的嘎吱游走，以及我心脏的怦怦跳动。

　　下面是她另一首诗的残片：

手，理解的手，爱抚的手，
宛如纤细的嫩叶，
手，热切的手，汲取知识的手，
从伟大的书中，从布莱尔盲文中，
填补空白的手，用我力所能及的一切，
异常宁静的手，合十于书旁，

易于遗忘的手,尽管已日夜兼读,
沉沉睡去的手,停留在翻开的那一页,
坚实有力的手,播种并收获思想,
狂喜颤抖的手,聆听着音乐,
富有旋律的手,歌声与舞蹈在指尖划过。

# 第六章　为海伦接受正规教育奔波

　　恩师希望我接受教育，不断完善自己，并成为斟酒者，将关爱斟满别人的酒杯。我的教育是恩师最大的忧患，它比经济困难带来的恐惧要强烈得多。在维护我的事业时，她内心充满信心和勇气，没有什么困难可以阻挡她。

——海伦·凯勒

少女时代，我还在许多场合体会到恩师复杂的人格特征。

在1897年的冬天和翌年的春天，恩师、我、朋友约瑟夫·张伯伦①及其夫人一起住在马萨诸塞州的一个美丽而古老的村子里。在此之前，我们每年都会在张伯伦家那所被藤蔓覆盖的、空阔的房子里快乐地住上一阵。房子叫做红色农场，在这里可以俯瞰菲利普国王池塘。

主人把我们安顿好之后，恩师个性的另一面则完全呈现在我面前。她说那8个月是她一生中最幸福的时光，自从她和我在一起以来，第一次体会到了真正的自由。对我而言，没有比这更甜蜜、更知足的了，因为我是如此渴望她能拥有自己的生活。

## 走出《霜王》事件的阴影

《霜王》剽窃事件给我们带来了无尽的痛苦，以至于在事件发生后的7年里，恩师一直陷于无能为力的情结中不能自拔。

---

①约瑟夫·埃德加·张伯伦（Joseph Edgar Chamberlin，1851～1935），美国作家、文学批评家，长期供职于《波士顿书摘》，为海伦·凯勒的主要经济赞助人之一。

《霜王》是我10岁时写的一个小故事。我一直以为这是我自己的创作，并把它作为生日礼物寄给了柏金斯盲人学校校长阿纳格诺斯先生。他非常喜欢这个故事，就把它发表在柏金斯校刊上了。

然而让恩师和我意想不到的是，我竟然不知不觉中抄袭了玛格丽特·坎比小姐的作品——《鸟儿和它的朋友》。很显然，两三年前我曾经读过或者其他人（恩师除外）曾经给我读过这个故事，只是我已经忘记。当记忆偷偷回来的时候是如此生动，我误以为是自己的创作。

坎比小姐非常通情达理而且宽宏大量，许多朋友也很支持我们。一向不愿服输的恩师对一切和我幸福相关的事情非常敏感。她努力想恢复我对文学的兴趣，鼓励我为《青春之友》写一篇自己生活中的故事，但是我太害怕无意中又惹上剽窃的烦恼，以至于不敢拾笔。

那些怀疑我诚信的人使恩师很受伤害，因为他们不了解孩子，不管是失明的还是健康的，所有孩子都是在模仿和吸收他人的知识中学会用文字表达自己的想法。这也使恩师很尴尬，因为这又一次使她想起自己所接受的不完整教育。

## 第六章 为海伦接受正规教育奔波

恩师从来没有怀疑过她为我选择的成长道路，但是这一次，她的信念似乎动摇了。即使如此，她仍然坚信我需要摆脱恐惧的束缚，不断提高，而且时机已经成熟，我应该向有经验的老师学习。

在"抄袭"事件后，我曾独自一人面对柏金斯盲人学校的调查委员会，回答他们的各种问题。从那时起，我真是片刻也不想在那里逗留。但是我应该去哪里呢？在恩师探索的道路上，她又有谁可以请教呢？

为了让我们忘掉烦恼，朋友们不停地为我们策划有趣的旅行，比如去观看克利夫兰[①]总统的就职典礼，到尼亚加拉大瀑布体验奇观一日游。亚历山大·格雷厄姆·贝尔博士还和我们一起去了芝加哥的世界博览会[②]。在旅行过程中源源不断出现的新词使我变得活跃，而且丰富了我的见识，这让恩师感到很欣慰。但是在众多优秀的施教者中，恩师能把我托付给谁呢？

---

[①]斯蒂芬·格罗弗·克利夫兰（Stephen Grover Cleveland，1837～1908），民主党人，唯一一位两次当选但非连任的美国总统。

[②]The World's Columbian Exposition，也叫芝加哥哥伦布博览会，为纪念哥伦布发现新大陆400周年，于1893年在芝加哥举办。海伦曾在贝尔博士赞助下，与莎莉文小姐前往参观。

## 寻找适合海伦的教育机会

1893年秋天,我们造访了宾夕法尼亚州赫尔顿的威廉姆·韦德一家,恩师认为这次行程是我接受正规教育的良好开端。

韦德家有位邻居艾伦斯先生,他在拉丁文方面颇有造诣,同意收我为学生。能够有规律地上课对我而言是非常快乐的体验,而且艾伦斯先生的有效教学方法唤醒了我做学生的意识。成为一名真正意义上的学生,这是恩师一直希望看到的。艾伦斯先生还帮我学习算术。我有一本盲文版的丁尼生[①]的《悼念集》。艾伦斯先生教我如何从文学评论的角度来赏析这本名著。那时我开始阅读恺撒[②]的《高卢战记》,并徜徉在把外语作为专修科目的美梦里。

然而不幸的是,我们在赫尔顿只住了3个月。当所有课程都停止后,恩师又成了一艘没有舵的船,找

---

[①] 阿尔弗雷德·丁尼生(Alfred Tennyson,1809~1892),英国维多利亚时期代表诗人,主要作品有诗集《悼念集》、独白诗剧《莫德》、长诗《国王叙事诗》等。

[②] 恺撒(Gaius Julius Caesar,前102~前44),古罗马政治家、军事家、思想家、执政官。《高卢战记》是他征服法国的历史记录。

不到航向。一刻都不放松的她不断调整目标，努力找寻适合我现有条件的出路。我父亲已连续多年没付过她工资了，但是她从未向我提起过。她是我认识的人中经济上最窘迫的人之一。

我长大后才知道，她一直坚信，人就算身无分文，也要昂首迎接明天，朝着自己向往的目标前进。她希望我接受教育，不断完善自己，并成为斟酒者，将关爱斟满别人的酒杯。我的教育是恩师最大的忧患，它比经济困难带来的恐惧要强烈得多。在维护我的事业时，她内心充满信心和勇气，没有什么困难可以阻挡她。

我完全相信正是有许多像贝尔博士那样善解人意的朋友的帮助，才使我们能够克服经济困难，有幸参加诸如聋人集会这样的社会活动。

恩师毫不含糊地将我看做是芸芸众生中的普通一员，因此她不能容忍把盲人或者聋人作为另类看待。

她还带我去了纽约市的赖特—赫马森聋人学校，希望我的说话能力可以得到更大的提高。她认为，我的语言应该更加优雅，可以在鼓励他人的时候再多一份甜蜜，在安慰同伴的时候更添一份温柔。

然而失望总是潜伏在我们前进的征程上。在赖特

—赫马森聋人学校,尽管其他课程同样生动有趣,老师们和蔼可亲,耐心地提高我的知识层次,然而却只有来自波士顿的约翰·斯鲍尔丁①先生的支持,才使得我们能够克服困难,完成那段时间的教育。

## 决定上大学

16岁时,我下定决心要上大学。当时只有恩师一如既往地支持我,而许多朋友则极力主张我慢慢来,建议我作为特殊学生,在拉德克利夫学院学习英国文学或其他科目,为以后从事某项具体工作作准备。但我却不这么认为,我既不想像某些天才那样急于为自己周密备考作辩解,也不希望仅仅因为是残疾人,就需要别人告诉我应该做什么、不应该做什么。我喜欢和那些能看能听的女孩儿竞争,看谁先掌握基本知识,然后在脑海中勾画出我喜欢从事的工作。

现在回想起那段决定我未来命运的日子,我不免对恩师表现出的镇定表示钦佩。她竟然能够屈尊,完全支持我的选择,即使这条道路上面临许多困难和不

---

①约翰·斯鲍尔丁(John Spaulding,? ~1896),美国教育家,曾在赖特—赫马森聋人学校帮助海伦学习说话,是海伦的主要经济赞助人之一。

确定因素。她从来没有就我是对还是错发表过任何意见，她那无尽的冒险精神在关键时刻总能应付自如。许多年来，她一直在为我的未来冥思苦想，不得安宁。当我自己作出上大学的决定时，她终于放下了一直悬着的心。

## 教育理念

在剑桥准备应考大学时，恩师曾经希望我们可以租一所房子或一间公寓与布丽奇特·克里明斯一起居住。克里明斯是我们都喜欢的一位爱尔兰女人，平时可以帮我们打理房间。

恩师希望我和其他女孩儿一样以平等条件进入大学的愿望能够得到尊重，希望那些好心但却好管闲事的人可以让我不受干扰地实施自己的计划，希望那些还在就她的选择发表不公正评论、对我的能力提出质疑的不友好声音消失。然而就像我在其他书中提到的那样，这些愿望最终都落空了。此处我只想强调恩师给了我最大的帮助，而且这种帮助使我终生受益。

恩师相信盲人不是孤立于世界的人群，她们同样被赋予了根据自身兴趣和能力而量身定制的受教育权、娱乐权和被雇佣权，这也是她为什么拒绝阿纳格诺斯先生让我们留在柏金斯盲人学校计划的根本原因。

阿纳格诺斯先生是我的一位好朋友，我之所以喜欢他，是因为他将恩师派到了我身边。柏金斯盲校有许多盲文书籍，还有一群会手语的盲童陪伴着我，给我提供了许多有利条件。但是对于可以在正常环境下接受教育的残疾儿童，恩师不赞成公共机构对他们的收容救济。因此，当我们离开柏金斯，开始寻找其他机会时，阿纳格诺斯先生便对我们失去了兴趣。

虽然恩师理解我在赖特—赫马森聋人学校的快乐，但是依然对它不满意。这就是她带我去读为剑桥女子学校的女生开办的吉尔曼①预科学校的原因，她确信，在那里我可以像健全人一样最大限度地做我自己。时间证明了她的决策是英明的，但是要落实这一决策还需要她坚毅的个性来保证，以保护我不受陌生人干扰，不被好管闲事的热心人打扰。

恩师10年来一直跟我形影不离，为我无私奉献。令人难以置信的是在吉尔曼预科学校，在没有听取我

---

①丹尼尔·柯伊特·吉尔曼（Daniel Coit Gilman，1831～1908），美国教育家。

## 第六章 为海伦接受正规教育奔波

们意愿的前提下，有人竟蓄意将我们分开。这种行为源于我在该校就读的时间长短问题。最初安排的是5年，随着学习的进展，副校长认为时间应该缩短到3年。我非常高兴，恩师也没有异议。

但是在如何管理我的方面，恩师和吉尔曼先生发生了分歧。根据以往的痛苦经历，恩师怀疑许多愿意帮助我们的人都存有私心，想借助我来达到他们的某些目的。根据当时的种种迹象，吉尔曼先生摆脱不了这种嫌疑。

任何针对安妮的不公正指责于我而言都是一种无情的折磨，因为安妮一心想的只是能使我变得更美丽，更富有知识，更富有成就。就在一些人阴谋反对她的时候，恩师还在教室里陪我，为我讲解课堂的内容。即使用眼过度也坚持帮我阅读那些没有盲文版本的书籍，帮我在德语和法语词典中查找词汇。由于刻写希腊语符号的文具迟迟不能到位，恩师就帮我将物理和代数问题写成盲文，并将几何图形画在硬纸上。但是即便如此，在我与健全女孩儿共同学习的第一个学年里还是有一股势力试图抑制我的发展计划。

这个不快乐的插曲我已在别处有所记录，但是有关这件事的记忆一直压在我心头不能释怀，也许只有等到上帝将我召回的时候才能解脱。

在那个可怕的夜晚，当恩师得知吉尔曼先生已经开始行动想要将我们分开时，她便去找我们真正的朋友——波士顿的理查德·德比·富勒①先生及其夫人。恩师如此的绝望，当她经过查尔斯河边时差点儿没有抑制住跳河的冲动，似乎有一个天使伸手阻止了她，并告诉她："不能就这么死。"在这句话的鼓励下，恩师第二天回到了剑桥女子学校，坚持要见我和我的妹妹米尔德里德，否则拒绝离开，除非被强行赶走。那是一段让人心碎的经历，两年之后我进入拉德克利夫学院，用事实证明了我们的胜利。

在我们离开剑桥女子学校之后，依然有人拿我的健康大做文章，让我恼火的是有人告诫恩师不要让我工作太辛苦。后来我发现，这个例子正反映了人们在对待残疾者的理智评判和愚蠢怜悯之间的斗争，正是这种怜悯剥夺了残疾人正常工作的权利。

每当我想到那些不计其数的残疾人、结核病或其他疾病患者，还有那些因为贫穷而一事无成的人，我

---

① 理查德·德比·富勒（Richard Derby Fuller，1804～1876），美国牧师、著名学者、慈善家。

的内心就会感到惭愧，因为人们更应关注他们，而不是将怜悯浪费在我这个既健康又精力充沛的人身上。我对自己的承受能力很有把握，恩师对此也非常清楚。是我自己决定要努力学习，恩师只是跟随我的脚步。在经过了反对者"十足的折磨"教育后，恩师已经无法让我停止前进的脚步。尽管来自各方的压力都在她周围聚拢，恩师实际上从来没有阻止我进步，这也正是我尊敬和感激她的重要原因之一。

## 追求完美的艺术气质

说到全力以赴地做事，恩师执著追求的艺术气质值得强调。即使学习之外的事情，她也不会放松对我的要求。这种要求源自她对诗歌和优美语言的酷爱，这也让我的回信难度加大，迫切需要掌握针对不同个体进行回复的技巧。如果我的信或作文没有达到恩师要求的品位高雅、清晰明了、风格突出等标准，她就会指出来，而我则不得不一遍遍地重写，直到她满意为止。

上英国文学课时，有这样一位语言艺术家坐在我旁边，成为我的一大优势。她会提醒我保持自己的最佳风格，这也为日后写作奠定了基础。虽然如此，我和恩师也都清楚我们生活在世俗的世界里：

> 既有短暂的哀愁，也有简单的伎俩；我们有时会赢得别人的褒扬，有时必须躲避他人的指责；关爱、泪水、亲吻和微笑，五味杂陈是我们人生的真实写照。

当我慢慢地成长为一个女人，她开始向我吐露心事。我已经能够理解恩师对于知名度和被人利用的忧虑，也对她在经济上的困顿有些了解。她曾经说过，自己紧张的神经不能得到充分的放松，也不知道如何保持心灵的平和与安宁。她无法让自己生活得简单一点儿，或者降低自己对我的期望值（我认为她是完美主义者），或者克制她对我未来梦幻般的憧憬。她从不肯向失败低头。她不具备我所说的"盲目的宗教信仰"，这种信仰可以使人在光明和黑暗中保持心灵的平静，就像一种物质既防火又防水，可以得到双重保护。

恩师把她的任务看得非常神圣，如果不是因为我们的感情牵绊，不管任何情况，她都会勇往直前，勇敢面对严酷的现实。每天早上，她都会振作精神，下定决心一定要快乐地度过这一天。傍晚，当她看着日落，眼睛里映射着那可爱的色彩，心里充满了喜悦。但是有时，当我的作文不能让她满意，或者解不出某道几何题目，或者做了一件蠢事惹怒了她，她就会变成可怕的雷雨云，飘在我的头顶。

考虑到恩师在吉尔曼学校所承受的巨大压力，我对张伯伦一家充满了感激之情，是他们的邀请让我们暂时忘掉那些烦恼。在张伯伦家我不仅可以快乐地滑雪橇，滚雪球，步行穿过结冰的湖面，还可以学习。那里的环境十分适合我，因为家里的每个人说话都很清楚，我可以通过读唇知道他们在说什么。贝蒂是家里大女儿，她可以用手语为我拼写单词。

和米尔德里德一样，贝蒂也是个让人愉快的玩伴。她和我一样对超出我们年龄的书很感兴趣，像霍桑[①]的《七个尖角的阁楼》。贝蒂知道如何带我到户外玩，也知道如何设计好玩儿的游戏让其他孩子都能参与。在课间，我常常和他们嬉戏。每到我们玩累了休息时，那些年龄小一些的孩子就会嚷着让我讲故

---

[①] 纳撒尼尔·霍桑（Nathaniel Hawthorne，1804～1864），美国著名作家。代表作是《红字》，《七个尖角的阁楼》是他的另一部重要作品。

事。他们尤其爱听《管家精灵》和奥斯卡·王尔德[①]的《王子和燕子》。

看我在这里过得轻松自在，恩师松了一口气。在这个充满知性、赞赏的氛围中，恩师得到了放松。

第二年春天，她已经摆脱了多年来郁积心头的挫折感，恢复了昔日的乐观情绪。让人心慰的是，一丝善意、一份宽容或者一句幽默话语就可以抚平她灵魂的创伤。快到5月时，她充满活力，精神愉悦，很高兴地体验宇宙万物在她身边不断变换，这使她感觉好像在和上帝交流。

前面提到过的"红色农场"坐落在菲利普国王池塘的岸边。于恩师而言，在风和日丽的日子，坐在树下凝视树叶和谐的色彩，或者欣赏夕阳撒在湖面上的金色光波是很享受的事情。一片丛林、几块岩石和一座小山环抱的湖泊呈现出多姿多彩的轮廓，真是很奇妙的自然景观。她陶醉于这凯尔特式的神话仙境之中。虽然没有望远镜，无法捕捉到飞鸟的魅力，但是能听到它们美妙的歌声，对她而言，已经是再幸福不

---

[①] 奥斯卡·王尔德（Oscar Wilde，1854～1900），英国剧作家、诗人、散文家，19世纪与萧伯纳齐名的英国才子。

过的事情了。

她沉醉在湖泊、天空和群山的魔幻世界里。学习划独木舟会给她的视力带来压力，但是在这里除了散步还有那么多消遣方式使她着迷不能自已。就像读书一样，她如饥似渴地欣赏着风景，从大自然无穷无尽的宝藏中收集许多新鲜素材，她快乐得要发狂了。

## 点燃生命新希望

张伯伦先生是《波士顿书摘》①"倾听者"栏目的负责人，因此"红色农场"总是高朋满座。他们中有作家、诗人、画家、哲学家和演员。能和这样的人做伴，恩师备受鼓舞，快乐得像空中的小鸟。他们令人振奋的言谈使恩师很兴奋，她的思维变得活跃起来，就像花儿得到了雨水的滋润一样。

这群人中有玛丽·威尔金斯②、路易斯·桂尼③

---

①《波士顿书摘》（*The Boston Evening Transcript*），创办于1830年，停刊于1941年。属于日报，每天下午发行。包括"郊区风情"、"倾听者"、"图书馆"和"周末思考"等栏目。

②玛丽·威尔金斯（Mary Eleanor Wilkins Freeman，1852～1930），美国19世纪著名女作家。

③路易斯·桂尼（Louise Guiney，1861～1920），著名女诗人。保守的唯美主义作家。

和一个能把印第安苏族人的故事描述得让人着迷的印第安姑娘。我们结识了布利斯·卡尔曼[①]、理查德·霍维[②]、爱德华·霍尔姆斯[③]、路易斯·莫拉[④]和加拿大诗人弗雷德里克·兰普森[⑤]。其中爱德华·霍尔姆斯后来发明了主罗经，路易斯·莫拉为芝加哥的世界博览会绘制了优秀的作品。

当恩师倾听这些人的高谈阔论时，青春活力在她身上复苏了。我听说她反应机敏，妙语连珠。她喜欢和那些刚开始探索生命新大陆的年轻人交流思想。反映人类天性的诗歌、新结识的朋友、认同她高雅品位和文学追求的知音共同构建了她那段人生的全部生活。这种生活不温不火、十分精致，令她难以忘怀。

---

[①] 布利斯·卡尔曼（Bliss Carman，1861~1929），著名诗人，曾与霍维合作《流浪者之歌》三部曲。

[②] 理查德·霍维（Richard Hovey，1864~1900），美国诗人，曾与卡尔曼合作完成《流浪者之歌》三部曲。

[③] 爱德华·霍尔姆斯（Edward Holmes，1832~1909），英国建筑学家，曾发明主罗经。

[④] 路易斯·莫拉（Francis Louise Mora，1874~1940），美国油画艺术家。

[⑤] 弗雷德里克·兰普森（Frederic Locker Lampson，1821~1895），加拿大魁北克诗人。国内流传较广的诗作为《致我的祖母》。

## 第六章 为海伦接受正规教育奔波

有时，听到他们幽默风趣的话语，恩师也会开怀大笑。那些一脸严肃、一本正经的想打垮她的人如果在场，肯定会非常吃惊。

许多次，我听人们说起安妮·莎莉文老师，说她是个很有魅力的女人，她的连珠妙语迸发出激扬的思辩火花。和其他年轻女子一样，她有时也会和与自己调情的年轻男子玩些聪明的恶作剧。她喜欢倾听不同的声音，因此当张伯伦先生，也就是我们口中的"艾德叔叔"，向她推荐沃尔特·惠特曼[①]的诗歌时，她仿佛看到了一个新世界。

此前，由于过分拘谨以及对精练格律和韵文的无限崇拜，致使一些人没有认清这位现代预言家的真实地位。恩师当时对惠特曼也存有偏见。后来，当我们在大学里一起读他的《啊，船长！我的船长！》、《美国》和《桴鼓集》时，恩师禁不住和我分享她的喜悦。当然这些是《草叶集》被刻印成盲文版之前的事了。

---

[①]沃尔特·惠特曼（Walter Whitman，1819~1892），美国诗人、散文家、新闻工作者及人文主义者。惠特曼是美国文坛中最伟大的诗人之一，有自由诗之父美誉。他的文作在当代实具争议性，尤其是他的著名诗集《草叶集》，曾因其对性的大胆描述而被归为淫秽。

生命虽已走过31个春秋，但恩师第一次如此真切地认识到自己的价值。她的生命被新希望点燃。她的忧郁情绪正在慢慢消散。未来是不确定的，但她对我的未来已经没有了太多的顾虑。她生命的航向更加坚定，她不再把我当成小孩子，也不再要求我这样或者那样了。

恩师发现，课本上的许多知识在实际生活中讲不通。她认识到，自己以前一直活在一种危险的错觉中，以为所有值得学习的东西都在书籍里，书籍可以使人最快最完整地掌握知识。这使她感到后怕。有一天她对我说："我现在会不时推翻以前形成的关于人生的一些理念，这样就不会感到生活无趣。"

正如我以前所说的，恩师在逻辑思维方面有所欠缺。她没有认识到，仅凭一时冲动就抛弃以前的价值观，就如同挖出种子查看是否已经发芽一样危险。我猜测，她的逻辑是每天我们都要丢掉一些属于自己的东西。幻觉破灭、理想转移、友情逝去，甚至所有我们熟悉的事物都会从指缝中悄悄溜走。现实的自我与从前的自我形同陌路，宛如两个不同的个体。对外在美的无比热爱使她摆脱了没有情感的理智，而对童年往事和故交的深刻记忆又使她避免了没有理智的情感。

年轻气盛时，不管争论的对象是南方联邦的同情者，还是对翻身奴隶知之甚少的北方佬，抑或喜欢把自己的信条强加于人的新官僚，她总是不经意间显露出咄咄逼人的架势。正因如此，她会不时地冒犯他人，同时也遭到他人的冒犯。当然，她也可以在不失傲骨的情况下做到灵活变通。对她而言，在异己者的面前，骄傲地表明自己的观点，而不是处心积虑地说服他们是一种荣誉。她之所以这么想，与她追求完全自由、不受环境制约的强势女人的个性有关。当然了，此处的强势不是指她有很强的控制欲。她把人格看做是比财富还珍贵的礼物，是世间最强大的力量。

亚历山大·格雷厄姆·贝尔博士可以对自己的对手说："也许你是正确的。让我们看一下我们之间的共同点是什么，没准儿我还需要你的指点呢。"恩师就不一样，但她也非常宽容，也积极鼓励别人发表不同看法。她还经常为自己的考虑不周而追悔莫及。如果有人向她提问，她从不遮掩自己的想法。她像豪猪一样，浑身都是刺，但是却讨厌愤世嫉俗。她总是怀着一份博爱和理解的心情与每个人相处。

后来，就连那些看似无足轻重的小人物都在她面前显露出不曾期许的美德或者超常的观察力，向她诉说各自的理想和抱负。她对他们能实现理想深信不疑。各色人等以不同口音向她诉说他们的快乐和悲伤，这些话在她心里久久回荡。她曾经对我说："海伦，我知道绝大多数人活在充满隔阂的世界里，我也知道我对普通人是多么没有耐心，但是这些沉默者大多数也有自己的思想。这种思想如果能被诗人书写或被天才的老师解读，就会响彻整个世界。如果你对新教有很虔诚的信仰，你就会在芸芸众生身上寻觅到上帝留下的印记。"

下面是我对恩师在红色农场时期的最后一笔回忆了。从幼年时期，我就喜欢将我的双手置于她的脸颊上。那张让人印象深刻的脸是如此美丽、敏感，充满对人世的好奇。虽然她的眼睛一直被病痛折磨，但是朋友们告诉我，它们看起来不像很多视力受损的眼睛一样让人觉得不舒服。她脸部的轮廓透着一种英气，这使她整个人看起来干练而优雅。她嘴唇上始终挂着甜蜜的微笑，我至今依然记得。我天真的亲吻和她热情的回应，仿佛余烬中蕴藏的火花温暖着我的心田。她的眉毛平滑，宛如帕拉斯·雅典娜的眉毛一样妩媚。她昂头的姿势格外地透着魅力。妈妈夸她长得非常俊俏。她那个崇拜美色的丈夫——约翰·梅西也印证了我头脑中恩师美丽可人的形象。

半抑郁半幽默的情绪是她对这个世界无可奈何的反应，反复无常的眼疾在她的面容上留下了忧伤的痕迹，但是这一切丝毫没有影响她发自内心的快乐。即使在与约翰·梅西感情破裂后，这种快乐依然能感染周围的人。即使遭遇婚变，她那不服输的标志性微笑，依然在情感上支撑着那些爱她的人们。

恩师甜美的嗓音是上帝赐予她的礼物。我从未听说恩师接受过什么演讲培训，但是她的用词和发音都是那么准确到位，没有一个字吞吐不清，甚至连一个读错的重音都没有。恩师有时宣称，她的愿望是成为一名歌手，快乐地创造优美的旋律，并能够得到物质上的回报。

我们在红色农场时，美国对西班牙宣战，恩师报名参军，希望成为一名护士。我和她的想法一致，希望她能够在军中服役。但是当了解到所需培训时间之长足以制造一艘战船时，她放弃了入伍的想法。

随后，她似乎有了一种灵感，提议说："我们一起去古巴或者加勒比海上的其他岛屿，在那开办水果种植园，至少我们可以在那里安享太平，也许你会重新捡起写作的习惯。"

听到如此冒险的想法，我的心都要跳出来了。但是我还是务实地指出，我们不可能为这项艰巨的事业筹募到足够资金，即使我们能够种植水果，她的眼疾也不允许我们去一个遥远而不具备医疗条件的荒岛。

我认为她当时只是说说而已，因为没过几天，她就完全忘记了自己的这个冒险梦想。我们已经准备离开红色农场去卧龙蒙泊湖①上的一个度假营避暑。在伦瑟姆拥有自己的第一个家之前，我们每年夏天都去恩师租的湖边小屋居住一段时间。

---

①卧龙蒙泊湖（Lake Wollomonapoag），位于美国马萨诸塞州，海伦和安妮曾经在这个地方度假。

# 第七章　锻炼海伦健康的体魄

　　恩师认为，健康是自由的首要前提。我理所当然地利用每一点儿生命活力为自己创造新的自由。游泳和驾驶双轮马车使我对自身体力有了更大的自信，也使我变得更加健康。恩师让我快乐的新方式便是让我增强体力，提高生命质量。

——海伦·凯勒

在度假营里，恩师更为轻松。我也有了更多的时间去了解她火热的内心世界，去感受她本性中的至善至美。她甚至把我的妈妈、米尔德里德，还有我的小弟弟菲利普斯请到度假营度假，尽管她的经济并不宽裕。

这个夏天对我的家人来说是最为快乐的一个假期。恩师待我的家人如同自己的亲人一样。自从我父亲去世后，家人最大的快乐就是与我们在有山有水的伦瑟姆村过暑假。除了我的小船"水中仙女号"，恩师还有一只独木舟、一只木筏和一个翼式浮袋。来度假营参观的客人形形色色：有"艾德叔叔"社交圈里那些才华横溢、单纯开朗的年轻人，也有张伯伦家族的成员。

## 不速之客

一年夏天，为聋哑人工作的爱心人士在波士顿集会。他们中的一大群人突然来到度假营，兴致勃勃地要去游泳和野餐！这让恩师十分诧异。他们的不期而至令刚收拾完早餐餐具的恩师和布丽奇特措手不及，两个人不得不动用所有的智慧，耗费巨大的精力来安排游泳和划船的具体细节，还要为玩得起兴的不速之客准备饭食。

恩师宽容友好、体贴周到，总是为别人着想，这让她对一切都能应付自如。他们的即兴来访令度假营洋溢着欢乐的气氛，虽然恩师认为他们教育聋哑人的方法过于保守，但是仍然礼貌性地接待了他们，这让他们非常满足。

可是他们一离开，恩师就要求我不要沉迷于任何为盲人和聋哑人服务的活动，直到我长到能够谨慎处理问题的年龄。这是她遇到的无数难题中的又一个——在我具备为残疾人事业服务的能力之前，保护我不被公众的口水淹没，人生价值观不被扭曲。

## 锻炼赢得健康

恩师的创新精神所闪耀出的火花很有感染力，它使我们的生活充满了刺激。在恩师的鼓励和带动下，我也参与了一些体育锻炼活动，如跳水和游泳。我把一根长绳拴在手腕上，另一端系在岸边码头或是船上，这样就能自由自在地在水中游动了。

我们年轻人流连忘返于各种活动：划船比赛，打水球，在树林中举办灯笼派对，在湖边或池塘边漫步。那些池塘像迷人的眼睛一样，点缀在伦瑟姆的风景画中。那些日子，我们和恩师谈笑风生，她就像我们的同龄人一样。

恩师认为，健康是自由的首要前提。我理所当然地利用每一点儿生命活力为自己赢得自由。游泳和驾驶双轮马车使我对自身体力有了更大的自信，也使我变得更加健康。恩师让我快乐的新方式便是让我增强体力，提高生命质量。

恩师传达欢乐与喜悦的能力让我们这些最熟悉她的人也感到意外。即使在她沮丧的时候，她也时刻准备着在崎岖的生活之路上播撒希望。总之，不论情绪如何，她认为人类的存在总体上还是喜多悲少，否则人类早就已灭亡。

## 游泳健将

虽然恩师在孩提时代从没有过涉水经历，但她最终却成为一名游泳健将。当我们一起从岸边游向远处时，我喜欢感受她那坚强有力的划水动作。

一天下午，我和菲利普斯正在游泳，他忽然抓住我的手使劲摇晃，我感觉出事了。他不会拼写手语，我努力读着他的唇语。他的脸上写满恐慌，说："老师不见了。"

我们飞奔到码头上疯狂地喊母亲，母亲闻声冲出来并按响警报。听到警报声，很多人划船去找恩师，他们一直划到湖泊中央才发现她。原来她太过自信，试图凭一己之力游到一个小岛上。人们把她拉到船上带回来时，她已经筋疲力尽。

看到我们都如此难过，她边喝热饮边说道："别担心，我很好。你知道，海伦，海妖塞壬①的诱惑力太强了！"

第二天，她又去游泳了。她并未因此事而感到恐惧和难过，只是变得更加理智。

## 精于马术

恩师是一名优秀的骑手，对所有的马都很着迷。即使是四轮马车，倘若让她在僻静的路上驾乘也没有问题。在她看来，驯马需要无比的耐力和体力。如果她的眼力更好一些的话，我相信她就能像亚特兰大公主②一样骑上赛马驰骋，她骨子里的刚毅与烈马的倔

---

①塞壬（Siren），也译为西壬、赛莲，是希腊神话中人首鸟身的怪物，也被称为海妖，相传用歌声迷惑水手，让船沉没。

②亚特兰大公主（Princess Atlanta）相传是古希腊跑得最快的美女。据说只有比她跑得快的求婚者才能娶她，否则要被杀头。

强一定会相得益彰。

有一次，她骑上一匹烈马，本以为友好的声音和温柔的抚摸能让这匹马驯服，但没想到马儿将她摔到了崎岖的路上，她的后脑勺碰到了尖利的石头。由于摔得过猛，鲜血顺着她的脖子流下来。当时她是如何战胜眩晕的，我们不得而知，但是她最终将桀骜不驯、性格古怪如她本人的马儿牵回了红色农场。

随后，人们立刻叫张伯伦夫人和医生去照顾她。大家都预感她的感染会很严重，但是让大家吃惊的是，她并无大碍，而且几天后便又骑上了一匹温顺的马儿。

"你看，"她笑着对我说，"那天捉弄我的并不是什么带翼的飞马，而是一匹旋转木马。"

不久，来自麻省哈佛山的朋友桑德斯先生送给恩师一匹马，这是她拥有的马匹中最珍贵的一匹。桑德斯先生是一个失聪男孩儿的父亲，而这个男孩儿的老师正是贝尔博士。我们把这匹马叫做"幸运星"，因为它无论走到哪里，总会带去幸福。它就像唐·伯恩[①]的作品《刽子手的房子》里命运多舛的赛马一

---

[①] 布莱恩·唐·伯恩（Brian Oswald Donn Byrne，1889~1928），爱尔兰作家，《刽子手的房子》是他的代表作之一。

样，忠诚温驯、风驰电掣，骑着它，恩师从来不需要鞭子。

在写给劳伦斯·赫顿夫人的信中，恩师提到能给马儿洗澡、喂食让她感到很满足，而马儿也会通过嘶鸣向她表达各种情感。在骑上马背前，她会让马儿舔舔她圆润的胳膊。她们会在春天乡间的小路上小跑或飞奔，小路两边长满各种颜色的花和鼠尾草。恩师骑着马，心情雀跃。马儿高高昂起的头，闪着光泽的脖子，光滑的背部和飞驰的步伐向她传递着健康与快乐。

恩师会偷偷带上一本书，一旦发现树下有阴凉的地方和合适的光线，就会下马，坐下或是躺着，把松开的缰绳放在脚边，享受长时间阅读的乐趣，而"幸运星"则在一旁啃着青草或是小心翼翼地将附近灌木丛的叶子扯下来吃。恩师身着紫红色骑装，"幸运星"浑身的毛被梳理得无比顺滑，他们组成了一幅多么迷人的画卷啊！

恩师与这匹马结下了很深的感情。当恩师因要去剑桥而不得不和马儿分离时，几乎伤透了心。那是我读大学的最后一年，我们在那儿的花费很大，而且夏天将搬到新借的房子居住，所以不得不离开。

# 第八章　帮助海伦完成大学学业

　　当医生得知恩师每天为我读书5个小时以上时,他惊呼道:"哦,上帝!你简直是疯了,莎莉文小姐,如果凯勒小姐想要完成学业,你必须保证让你的眼睛得到足够的休息。"那一刻我是多么痛恨那些书啊!

——海伦·凯勒

拉德克利夫学院给我的第一印象是阴郁的。这当然不是指我与女孩子们之间融洽的关系，也不是指我热爱的学业，而是指恩师的眼疾让我越来越担心。

因为不可能提前找到大学课程所需要的书籍，所以将这些书转译成盲文的工作大大推迟。幸运的是，我找到了拉丁语本《埃涅阿斯记》、《牧歌》和卢克莱修[1]的哲理诗。过了一段时间我才收到卡图卢斯[2]、普劳图斯[3]和西塞罗[4]书信的盲文版。我已经阅读了《远征记》，同时发现还有好几本《伊利亚特》系列盲文书籍等着我阅读。由于没有盲文词典，恩师必须用明眼人的字典来查询我需要的单词。

## 恩师为我读书

英国文学课程的大多数教材都没有盲文版。在伊

---

[1] 卢克莱修（Titus Lucretius Carus，前99～前55），古罗马诗人、哲学家，诗歌探索宇宙本源。

[2] 卡图卢斯（Gaius Valerius Catullus，前84～前54），古罗马诗人，以爱情诗歌见长。

[3] 普劳图斯（Titus Maccius Plautus，前254～前184），古罗马戏剧作家。

[4] 西塞罗（Marcus Tullius Cicero，前106～前43），古罗马政治家、演说家、拉丁语雄辩家，"三权分立"原则首创者。

丽莎白时代的文学作品中，只有莎士比亚的戏剧、十四行诗以及斯宾塞①的《仙后》才有盲文版，这意味着恩师要为我朗读大量书籍，包括中世纪作家的作品以及优秀的法文和德文作品。

她的眼睛几乎接近失明状态，迫于无奈，她只好向赫顿夫人推荐的著名眼科医生摩根先生求助。当医生得知恩师每天为我读书5个小时以上时，他惊呼道：

"哦，上帝！你简直是疯了，莎莉文小姐，如果凯勒小姐想要完成学业，你必须保证让你的眼睛得到足够的休息。"

那一刻我是多么痛恨那些书啊！由于一时找不到人为我朗读，那对"娇弱的精灵"——恩师的眼睛，将不得不继续这项单调乏味的差事，而我则忍受着内心的煎熬。当恩师问我某些章节是否需要重新朗读时，我谎称自己能够记住，实际上我早已不记得了。

不过最终，我找到了会手语字母的勒诺金妮为我朗读。当时她刚嫁给哈佛大学的地质学家菲利普斯·

---

①艾德蒙·斯宾塞（Edmund Spenser，1552～1599），英国文艺复兴时期的著名诗人、作家。《仙后》发表于1589～1596年之间。

史密斯。她暂时帮恩师解脱，也让我重获心灵的宁静，这令我感激不尽。我没有对她撒谎，而是如实让她帮我寻找那些遗忘的章节，这样我就能重新记住它们，并通过中期考试了。

当然，那时候恩师几乎已经不能再写作了。她只能看到鼻子尖远近的距离，看书时不得不用铅笔尖指着书，一个单词一个单词地划过。这对她的性格是一个严峻的考验。

在掌握打字技巧之后，我誊写了她所有的记述、备忘录及信件。我从中得知，因为我的缘故，她的思想可以自由地喷涌而出，这点小小的贡献让我倍感欣慰。

凡是了解我们困难处境的朋友都竭尽所能地帮我们减轻负担，约翰·梅西就是其中之一。除了编辑我所撰写的《我生活的故事》之外，他还为我在拉德克利夫学院最后两年的课程提供指导。这在一定程度上缓解了恩师眼睛的压力。只要能够停下手头的教学辅导任务，约翰就会为我朗读书籍。

## 治愈足疾

在此，我希望能表达对波士顿戈德思韦特医生的感激之情。可能由于小时候穿过小鞋子的缘故，恩师后来被迫裹着双脚走路。我上大三时，她已经跛得非常厉害，约翰·梅西劝她去找戈德思韦特医生。在全面检查之后，这位出色的外科医生说她必须马上手术，可是恩师当即回绝，说要等我毕业以后才能做手术。

医生坚定地说："莎莉文小姐，你的健康远比海伦·凯勒的学业重要。"我真该为这句话而拥抱他。

当时，我们没有钱住院治疗，因此戈德思韦特医生带着一名护士和手术所需的器具来到我和恩师租住的公寓。

布丽奇特用力擦洗厨房的每个角落，然后安上一张桌子，医生和护士则用乙醚给恩师麻醉。我永远不会忘记，当戈德思韦特医生抱着恩师走进那间临时搭建的手术室时，他是多么高大、强壮和英俊，他帮恩师消除了终生跛足的隐患。

一个月后，恩师就能和我并肩行走了，而且比以前走得好多了。每个人都应该读一读卡莱尔①的《英雄与英雄崇拜》，这样就能知道恩师在那次经历之后

---

①托马斯·卡莱尔（Thomas Carlyle，1795~1881），苏格兰讽刺作家、散文家、历史学家。

对医生的崇敬之情了。

## 抉 择

在《中流》一书中，我详细记述了另一个影响我学业的计划——以我的名义为失聪失明的孩子建造一所学校。我希望能够帮助那些残疾儿童，把他们从我曾经深陷的灵魂与肉体双重折磨的深渊中解救出来。

可是，完成大学课程，证明有双重缺陷的孩子也可以走得很远，这既是我的权利，也是我的责任。

恩师态度很坚决，认为我不该为那所学校的事务分散精力。我提及此事只是因为这是我们碰到的很多烦心事之一，它导致我没能获得全部科目的最高成绩，这一点让恩师非常失望。

我在完成毕业论文方面明显表现出缺乏热情。这让恩师心力交瘁，产生了巨大的失落感，陷入了困惑的深渊。她需要温情的抚慰。直到对生活有了新的领悟，她才重新振作起来。

多亏我们在学校紧张的学习生活练就了我的抗压能力，在恩师离开人世之后，我和波莉·汤姆森才能够对那些压得我们快要窒息的工作计划应对自如，并能像自由、自立的女性一样，坚持自己的立场。

# 第九章　教导海伦应对挑战

　　恩师煞费苦心地让我接触一些年轻人，体验不同寻常的经历，以便为我身处的环境注入新的元素。我们应该不断改变自己，就像鸟儿不断地更换羽毛一样。正确的改变能帮助我们完善自己，这样我们的灵魂就能重获新生，插上勇敢的翅膀冲上更高的天空。

——海伦·凯勒

恩师和我在伦瑟姆安顿下来之后的一年时间里，她在是否嫁给约翰一事上犹豫不决，用我的话来说："真爱之路从来都不平坦。"

我为她能找到一个如意伴侣而高兴，终于有一个人可以分担她的工作和生活负担了，而我一直在等待那一刻。

## 恩师的短暂姻缘

一天晚上，我们在波士顿参加一个会议，我代表盲人发言，约翰担当翻译。开完会回去之后，恩师在她的房间里告诉我，站在观众面前的我非常漂亮、优雅，然后宣布她永远也不会结婚。

"哦，老师，"我大喊道，"如果你爱约翰，却又拒绝他，我会觉得那是最糟糕的事情！"

不知为什么，当我努力审视波澜起伏的遥远过去时，我发觉安妮从来就没有完全认同过她自己的婚姻，这一点让我非常困惑。她有很强的自控能力，能像驯兽师一般将消极情绪牢牢地掌控住，可是坏脾气也会时不时发作一下，所以她说需要我帮她保持安静与理智。

约翰在辅导我的文学功课方面非常出色，他还高声为恩师朗读大量轻松、诙谐和充满智慧的书籍，驱散她的忧郁。约翰从来不在意梭罗式的简朴生活有多么艰辛。他分享我们的快乐，并以含蓄的魅力让这份快乐更充实。

尽管他们二人都给我的人生带来了幸福，然而他们两人之间的爱情并不和谐，彼此的神经不断处于对峙状态，这让恩师复杂的性格变得更加暴躁，也让其他人迷惑不解。即使是聪明人，有时也不能准确地揣摩她的脾气。

## 不断完善自己

她一直都在为自己焦躁的情绪寻找发泄的途径。她相信，经常去别的地方走一走，看一看新鲜的事物是一种很好的解脱方式。我之所以这样说，并不是指那些不足挂齿的消遣欲望，而是想说，它是一种自我更新的需要。

"我们都是墨守成规的人。"她会这么说。我现在真后悔以前没有重视她的建议。

她煞费苦心地让我接触一些年轻人，体验不同寻常的经历，以便为我身处的环境注入新的元素。我们应该不断改变自己，就像鸟儿不断地更换羽毛一样。

正确的改变能帮助我们完善自己，这样我们的灵魂就能重获新生，插上勇敢的翅膀冲上更高的天空。说不定这也是解决社会问题的一种方法。通过培养分寸感与和谐意识，一个人可以将责任与快乐、善与美融合在一起。

那次，我是多么希望可以随恩师到天涯海角去旅行啊！但那时我想把所有精力都投入到文学课程中。我心里那头不温顺的小公牛不停地踢撞反抗，但最终还是理智占了上风，我放弃了这次旅行。恩师为此很生气，可是她尊重我的个性，正如她尊重自己的个性一样，我们之间的小风波就这样平息了。

又有一次，她提议去百慕大旅行。在查过账目之后，我发现根本没钱负担这次旅行，甚至连眼前的花费都难以支撑。我也不知道自己能否凭借撰写游记赚到足够的钱来支撑我们无忧无虑的旅行。恩师一开始像伟大的潘①神一样怒气冲冲，不久又像凯尔特人那样快乐无忧。无论如何，我无法忘记这件事给她带来的失望。

我曾放下手边的工作，和她一起在我们家附近的

---

①潘（Pan），希腊神话中的牧神，相传脾气暴躁。

树林里散步，野餐，或是去收集枯枝落叶，燃起篝火。看着美丽的火焰越跳越高，她会纵情狂欢，直到篝火熄灭。我们也曾在湖边穿着泳装，任凭暴风雨抽打湖水，激起愤怒的浪花，而闪电则在周围与我们嬉戏，倾盆大雨将我们淋透。天空放晴后我们就会跳入水中游泳，快乐无比。

当我回首恩师骨子里招人喜欢的个性特点时，我忽然觉得，她之所以如此急切地让我远离打字机那没完没了的声响，潜在的原因是为了平息恶毒的指控，即在剑桥预科学校时，她曾让我劳累过度。打那以后，我不再去看校医，以免又引发针对恩师的流言飞语。我每天忍受着头痛的折磨，学习变得异常艰难。我有时会一两天不吃东西，经常少吃或是不吃早餐，想以此来竭力摆脱疼痛。

恩师真是个可爱的人，她让我独自承担任性的后果而不加任何评论。后来头痛症状消失了，然而极端的行为招来了命运的惩罚——我患上了贫血症，并长期遭受神经痛的折磨。现在可以想象，如果恩师发现那种难以忍受的恐惧从18岁以来就一直纠缠着我时，她该有多么焦虑不安啊。

## 挣脱"提线木偶"的束缚

不过另一种情形给我和恩师带来了巨大的快乐，那就是她能像常人一样跟我无拘无束地交流。我们在剑桥的经历让她在发表见解时异常谨慎，因为有人断定她将自己的见解强加给了单纯的我。

有一位加拿大朋友给我写了一封充满睿智的信。这位朋友总是在不断地尝试，而且通常都能成功地为社会底层人士争取到受教育的机会。他说，虽然我自幼失聪失明，然而我在幸福的童年时期得到了很好的教育和引导。他认为教育是民主的基础和前提，适用于任何有求知能力的人。他提醒我，在一个由精英人士主导的社会中，应该抢在有权势的慈善家之前，直接采用他的计划——在古巴开办一所女子学校。他的计划脉络清晰。另外，他还为我提供所有必要的信息。

恩师认为，我应当就此事给赫顿夫人写一封信。赫顿夫人看过信后很感兴趣，把我的计划介绍给她结识的豪门名流。像恩师一样，她也认为我的想法很有建设性，担心有的人可能会将其据为己有。当赫顿夫人告诉我们，她的朋友们不相信是我写了那封信时，我们是多么痛苦和吃惊啊！上流社会和教养良好的人如此缺乏想象力和社会爱心，让我心痛不已。

恩师的心被深深触动。自那以后，她在教育、政治、社会、宗教等所有问题上都保持沉默，在学校也是如此。她认为，由于她的思想受专制社会的束缚，而我又受她的影响，就等于宣告了我会是一个不动脑筋的机器人，只会成为附和她思想与感情的提线木偶。

然而婚后，她的想法有了令人欣喜的变化。她的手语，更不用说她的话语，终于灵活了许多。这种新的伴侣关系令我激动不已。在家里，每当约翰为我们朗读到有争议的问题时，她就会毫无保留地将她的想法用手语表达出来，我们辩论得酣畅淋漓，彼此都觉得其乐无穷。

恩师不是女权主义者，而我是。那时候她非常保守，从来都不做倡导者，除了抗争大男子主义者设立的各种不可忍受的禁锢，她坚持认为保持思想、良知和探索的自由是神圣不可侵犯的。

除了在追求美好、强烈渴求智慧这些人类的普遍属性上有共识以外，我们谈论得越多，想法上的差异就越大。像马克·吐温一样，她对进步持一种非常悲观的态度，即便对盲人的事业也不例外。虽然她目睹了一些特别的盲人走出了命运的藩篱，成为有益于社会的人，并因此取得了丰厚的回报，但是她仍然怀疑盲人群体有能力获得完全独立的正常生活。

我很荣幸地见证了过去 30 年里，美国和英国在为盲人开展活动方面所取得的巨大进展，以至于越来越多的盲人，甚至包括一些既盲又聋的人，获得了生活自理能力和真正的幸福。

## 不甘寂寞

每当想起恩师，我都祈祷她能够从这些活动中领会她在黑暗中不曾期望的宝贵精神。在我看来，她的个性复杂多变，就像一张用火焰编织的网，而我在她那敏锐的直觉与跳跃的思维之间穿行，受益匪浅。从某种程度上来说，她婚姻幸福的那几年也是我们在一起生活最为快乐的岁月。

恩师的天性使她无法忍受百无聊赖的村姑生活，也无法承受繁琐家务的劳动，这一点梭罗应该最能理解。只要有机会，她就会骑上马去冒险。有一次，她挑选了一匹烈马，由于这匹公马既漂亮又聪明，她竟然迷恋上了它。

我本来认为她友好和充满磁性的嗓音能够驯服那家伙。不料一天早上,我从田野上散步归来,家人告诉我:"那匹恶魔一样的马想要老师的命,把她甩到草地上,到现在她还躺着呢。"

我问她是否受了重伤。

"没有,但是受了很大的惊吓。"

我忽然觉得很生气。16年来,只要遇到能载她驰骋的马匹,她从不曾放过,丝毫不理会它们是否安全。她疯狂的举动使我的忍耐力达到了极限,而且我已经无计可施了。

我非常严肃地跟她谈及此事,可是她大笑着说:"难道这是对我遇到麻烦的同情吗?"

几个小时之后,她便低下了头。"对不起,海伦,我只是想从厨房和一切使人变老的琐事中解脱出来。吻我吧,我保证会翻开新的一页,重新做人。"

此后,我再也没有听到她抱怨家务。我在多年之后才发现她极端行为背后的真正原因。作为悲剧的秘密之一,它已经被看透生活的男男女女深锁于心。

# 第十章　指导海伦正确对待宗教信仰

　　尽管难以想象,恩师还是开启了上帝赋予我的各种能力——爱、思考、行动、语言,我是说人类所有的沟通渠道,人类生活的四个组成部分。对于和我一样的许多人而言,恩师简直就是动力之源,鼓励我们探索内心更为完美的自我。

——海伦·凯勒

我伤心地看到，恩师的身体开始逐渐变得虚弱起来。这一方面归咎于高度紧张的生活节奏、给她带来无尽折磨的眼疾，以及没有孩子的巨大失落感；另一方面，身体上的其他病痛更是雪上加霜：巡回演讲开始前的一次大手术、旅途中频繁的重感冒，还有从楼梯上跌下来使她胳膊骨折、锁骨错位的事故。这些伤病都没有得到及时妥善的处理，直到后来她去医院才得到戈德思韦特医生的悉心治疗。

她的焦虑和痛苦也曾有过转机。约翰·梅西带我和恩师去了一趟位于新罕布什尔州的沃尔夫博罗镇。曾经为安妮做过眼部手术、成功给她带来部分光明的布拉德福德医生当时已经退休，因严重的风湿病正在此地疗养。

我们的到访令布拉德福德医生非常开心。他仍然记得手术的每一个细节，而且对安妮眼睛的现状感到惊奇。由于恩师常常为我用眼过度，医生给她开了一些滴眼液来消除眼球表面再次生长的网状颗粒。那段时间，我们疲惫的身体得到了放松，内心的焦虑也得到了缓释。

## 信仰与宗教观的碰撞

我有时也和恩师一起探讨宗教话题。她一直都在等待我个性成熟，能够和我诚恳地交流思想，就像她与其他人一样。正如罗伯特·英格索尔①那样，恩师极少使用充斥于世界各地讲道坛的令人烦心刺耳的信条和教义。她会心平气和地说：

"宗教不只是一种信仰，更应该是一种生活方式。要通过身体力行来证明那些看似正确的教条，而不是靠言语。千百年来，人们以宗教和信仰为名，相互之间恨不得撕碎对方，这又能带来什么好处呢？要是能互相扶持、鼓励，好好生活，那该多好啊！要尽量不伤害任何一颗善良的心，不打扰任何一个宁静的灵魂，让它们能够理智地思考，高尚地修行。"

我也告诉过她，斯维登堡对《圣经》的诠释，让我的精神信仰和生活方式有了一种规范。恩师似乎有点儿受伤，因为我通盘接受了斯维登堡在18世纪的研究成果，或者是其他神学家的宗教观点，而没有探

---

①罗伯特·格林·英格索尔（Robert Green Ingersoll，1833～1899），美国内战老兵、政治领袖、演说家，以文化知识丰富而闻名。

寻我自己的精神世界。过多的解释会惹她不高兴，而且我也没有告诉她，斯维登堡不只是一个神学家，而且还是一个非常有建树的学者，毕生致力于把爱心、善意、理智和清晰的思维统一起来。而这些东西被当时的许多教会所抛弃，因为教会认为只要有信仰就能解释一切。我也没有提醒她这样一个妇孺皆知的道理，即我们从别人那里获取思想，所谓原创性其实就在于我们用一种不同的方式来表达这种思想。相反，我告诉她自己多么高兴，因为斯维登堡让我的思想获得自由，可以游弋在个人不朽和物质不灭的巅峰和谷底。

"我不相信永恒的人生。"她说，"每当听到这个字眼，我的大脑里就会有个打不开的结。我们生活的地球有那么多美好的事物，有那么多让人愉快的事情，我们的生命又是如此短暂，我更愿意享受此生。"

"我也喜欢奇妙的想法。"我会回答说，"这个世界最为美妙的事情莫过于一个人被上帝赋予美好永恒的人生，而且这种人生能够因为美好的愿望和善良的品行而开花结果，欣欣向荣。"

"值得欣慰的是，你可以乐观地面对未来的人生。我当然会不时地发表一些与你的信仰相悖的观点，那

## 第十章 指导海伦正确对待宗教信仰

都不过是希望你能够变换角度思考问题，没有什么东西比我对你的期望更为殷切。我对宗教没有兴趣，而你却非常热衷。我们不妨求同存异，尽最大努力实现我们共同的理想。

"亲爱的，虽然在你心中，我是你的妈妈，但是你却不是我的财产。我真心希望你能够独立思考，形成自己的世界观。只要清楚这些相互竞争的不同宗教派别和教义分歧就可以，千万别为任何一个宗派而狂热着迷。任何时候都要公正、大度，尤其是对那些与你信仰不同的人要宽容。"

在一起生活时，我和恩师对生活的理解是丰富多彩的，既有阳光的一面，也有阴暗的一面，这也让书中的人物更生动，更有说服力。恩师的点评通常话语简短，却意味深长，而且有助于拓展思维。即使是遇到最坏的人，恩师也能发现其有益的品质，前提是她的怒气平息或者是能够远远躲开这些人。

恩师另一个天真之处就是她绝不相信世界上有人会故意作奸犯科。

她说："我之所以不相信来世之说，一个原因就在于我不能想象一个公正、明智的上帝会在永恒之火中焚毁自己创造的生灵，仅仅因为他们悖逆上帝的意志。而且如果这些人意识到自己的龌龊，他们的愧疚也会让世俗生活变得难以忍受，上帝也会被迫挥舞屠刀以罚其罪，这简直就是神性的迷失。"

我说，邪恶无论是今生还是来世都会招致处罚（我那时还没有阅读爱默生的短文《补偿》，其中就强调了这样的观点），而且上帝在那些不可救药的邪恶之徒的眼睛上蒙了一层面纱，根据他们变态的嗜好，让他们生活在不同的世界，这样那些邪恶的欲望和兴趣就不至于传染并影响别人。无论如何，我补充说，他们不会进一步堕落，而且令我们意想不到的妙趣是他们的例子可以作为反面教材，增加那些一心向善的人们前进的动力。

"感谢上苍，"她以惯常的方式比划着感叹，"你愉快地接受了宗教，并把地球看成是人类暂时的家园。我尊重你的宗教，是因为你并不像孱弱的人，用信仰抚慰自己因盲聋残障而带来的心灵伤害；而更像健全人那样，把宗教信仰当成上帝能够带给我们的一种快乐。"

恩师所憎恨的就是那些强迫人们相信上帝不希望人类快乐的教条。她也注意到世界上有好多种不同的宗教派别和伦理教义。尽管信仰各不相同，但是全人类所犯错误的性质一样。对她而言,一个邪恶的基督徒和邪恶的佛教徒没有什么质的差别。每一个信教的人都在按照自己的教义准则生活,甚至甘愿为信仰而奉献出自己的生命。即使他皈依某个更大或者更兴盛的宗教派别,也不过是获得一种新方式来解释那些连他自己都难以奉行的教条和道德规范。

我认为,恩师一定会接受(也许会有所保留)印度圣雄甘地①的性格修养计划——对那些违背正义行为的风俗和制度采取消极不合作的态度。为了个人的进步和发展,人们没有必要去妨碍他人的活动。我们可以克制自己不去盲目附和或者随波逐流地顺从那些邪恶的制度和陋习,但必须记住这样一个道理:一个人只有在自我发展的途中让自己的精神境界得到提升,他才能更为坚强。

我们都认为,一个人的自我完善并非什么难事,只要他在内心真正意识到这么做的必要性,并且以顽强的毅力去实现这个愿望。我的养父约翰·希茨先生就曾经鼓励我采用这种思路,而且安妮也早就悟出了

---

①莫汉达斯·卡尔姆昌德·甘地(1969~1948),印度民族运动领袖,有"圣雄"之称。曾在英国伦敦大学攻读法律。

这其中的奥秘。

他对安妮说："一个人的道德准则如果是外界强加的，那么一定会妨碍他的精神发展，而且会成为一种额外负担，限制他自由表达自己最为奇妙想法的冲动。"

"你也知道，海伦，"恩师进一步强调说，"你不应当被过去那些晦涩的神学教义所蒙蔽，变得自以为是。每一个人都是神秘的个体，你不可能，也没有哪个人可能到达复杂曲折的内心世界。只有上帝才具有这种智慧，而且如果真的有来世，他也能从最坏的子民身上找出一缕纯洁的心灵之光，把他们赎出地狱。"

我觉得恩师有时也蛮不讲理，尤其是她不愿意和我自由探讨主导我命运的信仰，哪怕是几分钟，她也会不耐烦地打断。

"头脑简单点儿，我的孩子，听从命运的安排吧……"这样的场景在我们生活中时常出现，我也无法一一列举。

## 体味恩师的不幸童年

25年后，我的一些著作已经出版，我在美国盲人基金会的工作也得到了广泛认可。这时，我才有机

## 第十章　指导海伦正确对待宗教信仰

会了解安妮当年在蒂克斯伯里救济院的悲惨童年。内拉当时在撰写一本恩师的传记，我非常感激能有这样一位真诚的、具有真知灼见的朋友来完成这项任务。

波莉去海外度假，就剩我和恩师两个人单独留在长岛森林岗的小房子里。恩师先是给女仆一个下午的假期，把她支走；然后把自己最宠爱的喜乐蒂牧羊犬——迪里斯拴到僻静的角落，她一直把这只狗视为犬中尤物；最后她挨着我坐下，在我的手心里讲述她早年令人恐怖的遭遇。

我很难相信，坐在我身边的这位漂亮、有名而且敏感的淑女竟然在痛苦、疾病与屈辱中度过了自己的悲惨童年。其实在倾诉辛酸往事时，恩师的名声已经誉满全球，受到许多饱学之士的赞誉和尊敬。

很久以来，我都在思考贫穷这一基本问题，恩师也相信我能够理解。我试图走进这个孤独的、半失明的、富于探险精神的女人的内心世界，了解她在那样恶劣环境下的生活状况。但是恩师那可怕的啜泣声令我分神，这是沉寂了半个世纪的啜泣声。当她讲述弟弟吉米惨死救济院时，那一幕仿佛又回到现实，让我无法专注思考。

那天晚上，我无法入眠，灵魂深处饱受煎熬和痛苦。我的思绪一直驻足在恩师对吉米深沉的眷顾之中，直到我突然觉得这种爱就是从我内心发出的。在心目中我已把吉米当成了自己的亲弟弟，这种柔情对恩师似乎也是一种安慰。

我终于明白，正是过去这种令人悲伤的记忆，让她对死亡和来世之类的话题变得敏感，甚至有点儿刻薄。然而自从对我倾诉之后，这种情形有了很大改观，她有时也会像我一样尝试体验精神生活的"甜蜜感受"。一个新想法出现在我脑海里：

上帝的箴言至诚，
其光可闻，其声可鉴。

这句话照亮了时空，照亮了生命的永恒。

恩师给我讲述她童年的故事，对我而言还有另一重要作用，就是让我找回了某种平衡感。先前，不了解她的这段悲惨经历，我偶尔会对她的古怪脾气感到困惑和无助。

我决不会去打探她的私密，然而诧异却始终存在于我的脑海。我觉得，我们的关系缺少一种可以用语言表达的微妙东西，但是当她勇敢地向我敞开心扉时，我意识到一股前所未有的勇气输入到我的体内。她穿越荒凉的沙漠，到达教育的绿洲，然后才有机会把毕生奉献给我的教育事业，就如同她曾有几个月的时间，把自己的生命奉献给蒂克斯伯里救济院的唯一亲人——她早死的弟弟吉米那样。

## 被焚烧的日记

让我们回到伦瑟姆最初的日子。当时恩师性格中的另一面引起了我的好奇。我们曾经一起去科德角度过一个短暂的暑假。我们住在一间小屋里，可以去附近的旅店就餐。恩师对此非常满意，因为她希望躲开尘世的喧嚣，又不用忙于一日三餐。

天气突然转凉，于是她在屋子里生了火。我突然闻到纸张烧焦的味道，不禁大声惊呼：

"你到底在干什么？老师！"

"我烧掉了自己过去的日记，"她平静地回答说，"现在感到轻松了许多。"

9岁时，我曾经发现，恩师把脸贴得很近，手不停地在纸上写东西。我当时问她："你在写什么呀？"

"不要对什么都好奇。"她笑着回答，"你一刻都不让我单独待着，我也在学习英语，我在写日记。"

我从来没有看到过她的日记。当她烧掉那些日记时，我曾经跟她争执。

"你为什么要烧掉日记？里面肯定凝结了不少创意和想法，以及你自己对教育的理解。"

"我不知道，而且我也不在乎。"她非常平静地说，"这些日记对我来说非常可怕，里面充满了报复的字眼，而且都是些片面之词。我曾浏览这些日记，试图找出一些你可以使用的素材，帮助你完成我的传记，但是我觉得阅读这些东西对我的视力是一种浪费。长篇累牍都是抱怨和指责，我把它们扔到火里化为灰烬。幸亏没有让你或者是约翰看到这些文字，否则我的心灵将难以得到片刻安宁。"

她不愿意说自己到底什么时候开始写日记，也不愿意说她保持这个习惯有多久。她很快转移了话题，并严肃地宣布说，这些日记已经完成了使命。如果它们曾经有过任何价值的话，现在已经过时了。

那些可怜的日记被恩师过分苛刻的自我评价所葬送，我能够回想起来的名人里，恐怕只有塞缪尔·约翰逊在临终前焚毁过自己的书稿。我羡慕他和恩师灵魂深处那种伟大的精神，那种不让自己的愤懑烦扰世人宁静的心情，不让自己的怨恨和报复心理恣意喷发的超凡自制力。这也是恩师性格中惹人喜爱的一个优点。

每当心中充满怨恨时,她的大脑里总能蹦出一些新鲜的词汇,来指责自身行为并制服持续捣乱的心魔。因此,我猜想她和中世纪的亨利·弗雷德里克·埃米尔一样,采用日记的方式来完成自我苦修,发泄自己的愤懑;回到现实世界的时候,则表现出热情友善的一面。

毫无疑问,她在日记中倾诉了自己童年的悲惨遭遇,记述了她所遇到的弃妇的悲惨遭遇(这些女人来到蒂克斯伯里救济院就是为生下没有父亲的孩子),描绘了她自己在救济院时对成年生活的恐惧和想象。也许,她还提到了自己在柏金斯盲人学校的恶作剧,老师伤人自尊的批评,甚至还有来自其他同学的恣意嘲笑,而这样的嘲讽让她发疯。也许,她在日记里勾勒了自己的生活兴趣和好恶,以及对残疾人和穷人的深切同情,或者记录了她自己的心路历程。这是一种有益的保护,使自己免受刨根究底式的分析过程的摧残,也使自己远离被人误解的困扰。

无论如何,我觉得日记对恩师一定有着非常重要的价值,至少对她自己的人生来说是这样的。我敢肯定，她是通过这些日记在飞逝的岁月里保存了一份生动、准确的早年记忆。这些回忆只有她自己，没有别人能替她搜集。当然，她从来不允许自己陷入幽静之地，因为她知道，那样的话，自己会很难抵制厌世的诱惑。

她总是在我面前否认自己的好处。为了证明这些论断，她会指着日记，列举一些日常的荒唐行为。她越是坚持否定自己，就越坚定我对她的一贯看法——真诚，克己，而且做好事不图回报。她身上既没有装出来的清高，也没有堆出来的伪善。她鄙视长着阴暗面孔的恶人，尽管这能让世人平凡的性格少一点儿单调，多一点儿色彩。

遗憾的是，在冲动之下，她往往忘记了高尚的事业或者睿智的思想不能通过猥琐的人来实现或者传承，因为这些人早晚要把事情搞砸。一旦某个主意在脑海里闪过，就没有什么事情能让她偏离自己的高尚目标。

记得读大学时，有一次我在背诵罗马诗人贺拉斯[①]的一首颂歌，而恩师当时一定是在考虑自己的日记，

---

[①] 贺拉斯（Quintus Horatius Flaccus，前65~前8），古罗马诗人、文学批评家。所作诗体被称为"歌"，后来根据内容又被称为"颂歌"。

她说：

"贺拉斯是对的，海伦，这个世界上很少有事物能够用黑白简单地区分。斯多葛学派坚信人们无法为错误辩解，但是事实却是，许多犯过错误的人身上都有可取之处。比如说，有的人很吝啬，但他省下来的钱实际上给别人以帮助，而不是给他自己；有的人品行不端，但是他对周围人的自私和吝啬非常义愤，这不单纯是为自己；有的人'野心'较强，在现实中却寻求机会为毫不相干的人服务，而他们未必能从受惠者那里得到任何好处。我能否冒昧地问一句，你是否认为美德在某些时候就是根源于人类身上的某些缺点？"

我说："在日常交流和文学作品中，吹毛求疵的字眼儿在数量上远远超出了那些弃恶扬善的字眼儿。"

"这正是陷入困境的语言现状。"她说，"为什么我就不能首倡一些用来褒奖美好事物的术语，用来摧毁人类本性中的一些龌龊字眼儿呢？"

我们很高兴地了解到，爱德华·埃弗莱特·黑尔博士[①]正在波士顿的联合会教堂推广一些表达新意的

---

[①]爱德华·埃弗莱特·黑尔（Edward Everett Hale，1822~1909），美国作家、联合教会神职人员。

词。这些词语大多出现在 25 年到 50 年之间，比如人们常用的"利他主义"和"齐心协力"等。他同时预言，还会有更多的新词被用来表达爱的深沉和意志的力量，而这些词语现在还不存在。

## 志同道合的朋友

在恩师面前，努力表现得好一点儿，似乎过于矫情，也缺乏真诚，而我根本就不会这么做。与恩师相处的日子是愉快的，我不断地磨炼自己的耐心，摒弃性格中的缺点，或者坚持不懈地与内心的敌人做顽强的斗争。一次又一次，直到我能够像狼制服驼鹿那样最终克服自身的毛病。之后除了感谢上帝和恩师对我的鼓励，我就不必再为这件事劳神。

和汤姆斯·胡德①一样，我觉得自己随着年龄的增长，距离上帝越来越远。但是有了上帝的启示，恩师才能克服令常人却步的艰难险阻，帮助我走出空虚和无为，让我的精神世界丰富多彩。

恩师对周围的人充满爱心，而且渴望带领这些人

---

①汤姆斯·胡德（Thomas Hood，1799～1845），英国幽默作家、诗人。

走出平凡庸碌的生活，但是经常会被他们搞得苦不堪言。可以说，她的一生都在努力容忍那些没有生活情趣的人，尽量对他们表现得更为友好。可是他们在恩师周围不断饶舌，仿佛动物园里叽里咕噜的兽群，以至于她强烈地希望躲他们远一些。她的宽容和友善能冲淡那些毫无意义的闲言碎语，她也不会为这些烦心事夜不能寐。

恩师通常会努力为那些无聊的话题找个有趣的语境，尽量去关注那些偶尔才会出现的不俗谈吐，仔细捕捉那些人的面部表情，留意听取他们关于家人的奇闻轶事或者他们作为公民的应尽职责。她的睿智如同一把音色丰富的小提琴，但是周围的人往往缺乏足够的欣赏力。他们愚钝的理解力让恩师忍无可忍，但她不愿意在他们面前以圣人自居。即使她理想中的同伴与现实中的凡夫俗子格格不入，但她超凡的想象力也能让前面提到的无聊之辈变得可以接受，甚至还有点儿魅力。每当周围那些榆木疙瘩被恩师的聪明才智或者激扬文字点化后，临场发挥，和我所认识的饱学之士唇枪舌剑地进行辩论，我也会感到震撼。就这样，恩师在来家做客的那些人身上消耗了太多时间。

关于这段生活，我还有一个美好的回忆，那就是我和约翰、恩师之间关于心理学的生动讨论，以及他们在《我感知的神奇世界》发表之前对我的生活状态表现出的坦诚和热情。

大学里的哲学课让我明白，在《我生活的故事》里，我对这段生活的描述不太准确。

进入拉德克利夫学院时，我已经是一个家喻户晓的人物了，因为我的故事已经被广为传颂。尽管如此，作为一名大学生，我还很年轻，很不成熟。由于当时急于和其他同龄人一样，我简单地认为自己的思维过程与其他人并无二致。在创作过程中，我只沉浸在遣词造句的快乐之中，而没能对自己教育开始之前的人生状态作周密思考。

后来重新阅读《我生活的故事》时，我被书中某些粗枝大叶的细节描写所震惊。我发现自己非常武断，描述了一些在"小恶魔"的乌有世界——一个介于有意识与无意识之间的非人格世界——不可能存在的思想。

在创作《我感知的神奇世界》时，我决定在第十一章《心灵启蒙》里修正我以前的描述。下面引述的一段话曾经在我的家人中引起了强烈反响。

## 第十章　指导海伦正确对待宗教信仰

　　我不知道自己会什么，也不知道自己是否活着，更不知道人生有什么目标。我既没有意志也不具备智慧。在盲目冲动的支配下，我会触摸一些物体，会做出一些本能的反应。我的大脑一般只负责带给我这些感觉：生气、满足和需求。这让周围的人以为我有意志而且会思考。我记得这些细节，不是因为我能理解它们，而是因为我的触觉记忆把它们烙在了我的大脑深处。触觉的记忆让我清晰地记得，我从来没有在思考的时候蹙过眉头，也从来没有提前预习过什么事情或者有意识地选择过什么事情。

　　我妈妈读到这段文字时非常不安，她希望我能够删掉这段话。在恩师到达塔斯喀姆比亚之前，曾经有一两个人告诉或者暗示过我妈妈，说我是个白痴。她害怕我后来写的这段文字会让别人以为我的智力确实不正常。

　　恩师花了好多心思，费了许多口舌，才让妈妈相信这段文字不碍事，因为它顶多说明曾经饱受折磨的海伦只是一个休眠的灵魂。她很高兴看到，我能够运用自己的三种感官感知周围的世界，能够自如地表达我内心对于周围世界的想法，进行独立思考；而且她还说，这意味着我们从那时起成为了文学上志同道合的朋友。终于，她很满意地感觉到我可以自如地表达自己的文学思想。通过与她交谈，我能够摆脱写作的困顿，表达我自己的主意和想法。

令人羡慕的是，我有两个而不是一个评论家帮我修改书稿——一个是约翰，一个是恩师。我毕业不久，恩师的身体就垮了，我自己的健康也不容乐观。在很长一段时间里，我情绪波动非常大。然而，关于盲人生活和如何预防失明的约稿非常迫切，我也意识到我撰写的文章对急需这方面信息的公众有实际帮助，因此我不能拒绝这些邀约。每天除了浏览和回复大量的书信外，我还要用盲文手写初稿，然后把稿子用打字机敲出来，直到我的手累得不听使唤才停下来歇息。恩师的眼疾反复发作，几乎无法阅读我的书稿，约翰只好反复地大声代为朗读，以便她对我的书稿提出修改建议，并根据我的意见进行修正。

## 创作《石墙之歌》

另外一本书的创作给我带来了真正的写作乐趣，

它的名字叫《石墙之歌》。那是充满欢乐的5月的一个早晨，恩师和我一起修建一堵石墙，目的是让我在绿地里的活动范围得以延伸。在垒石砌墙时，我不断地用手指去触摸和感受形状参差、质地不同、大小迥异的石头，我忽然意识到一种我从来没有感受到的内在美。由于那时刚刚读过一本地质学方面的书，我对石头产生了莫名的兴趣。

在生活中，我偶尔会被石头绊倒，它们有的扁平，有的带有沟槽；有的个儿大，有的个儿小；有的裂开一道道缝隙，有的呈现锯齿状缺口；有的被雨水冲刷得溜圆，有的则被风沙侵蚀得斑驳陆离；还有的突兀陡立、奇形怪状。尽管这些石头有点儿粗糙，形状不规则，但它们奇异的特质激发了我的想象力。通过这些小小的裂缝，我甚至可以感受到清凉微风的叹息、温暖阳光的抚慰、林间芳草沁人心脾的清香。

"啊，恩师，我们真应当在这些石墙上写下一些诗句，如果我拥有诗人的才华的话。"

"为什么不能？"恩师非常急切地回答。

用诗歌赞颂大自然的魅力是令她最愉快的事情，她也很高兴看到我指尖所感受到的快乐在不断积聚，而且希望我能够在诗歌里表现出这种精神层面上的快乐。她马上坐在墙边，仔细观察，描述光线、树影以及周围的花草。她言语中饱含凯尔特人的热情，我把这些文字用在了我自己的描述里：

  石墙是灵动的，
  沐浴着花香和雨露，
  石墙之歌与花的私语编织着春天奏鸣的晨曲。

  石墙之歌宛如百鸟鸣唱，
  群鹿奔驰，
  宛如林海听涛，
  仿佛溪流中的涟漪……

  曾经有很长一段时间，我把工作和一切都抛诸脑后，经常与她谈论我的强烈冲动——把《石墙之歌》与清教徒的勇敢生活和冒险精神联系起来，写成诗歌。

  第二天，约翰带我们去一座古老的陵园，让我感受长满青苔、冰冷无言的墓碑和墓志铭。尽管这些铭文毫无情感可言，却饱含不屈不挠的信念。

  一连好几个礼拜，我都在阅读新英格兰编年史和民谣之类的文献，搜寻那些能够反映我思想的诗歌语言以记录我对早期拓荒清教徒的仰慕。是他们一寸一寸地开荒拓土，建起我们今天居住的家园、教堂和学校。

一旦恩师有空，我就缠着她，给她读我写的东西，或让她朗读这些诗句，我则努力从她的双唇之间感受这些比较粗浅的句子是否真的有任何价值。通常她满意的笑容会让我感到踏实，但是有时她也会毫无保留地批评我，直到我找到令她满意的韵律。

当《世纪杂志》同意发表我的诗歌时，她的惊喜之情无以言表。她大声宣称："这真是太令我自豪了，没有什么事情能比在这样伟大的诗刊上发表你的作品更鼓舞人心。尽管你还很不成熟，但是正如雪莱所说，历史上所有诗人聚众人之力，把许多优秀的思想锻造成诗歌这样一朵奇葩。"

尽管难以想象，恩师还是开启了上帝赋予我的各种能力——爱、思考、行动、语言，我是说人类所有的沟通渠道，人类生活的四个组成部分。对于和我一样的许多人而言，恩师简直就是动力之源，鼓励我们探索内心更为完美的自我。

她尊重生活中遇到的每一个人，理解他们的喜怒哀乐和情感世界，赞赏他们的创造性思维，而这些人也对她积极回应。她是我们在伦瑟姆家庭聚会的首倡人和策划者。她总能设计一些新奇的事情让客人们高兴，努力让周围的人感受到她的爱心。虽然在房屋改善和扩建方面有些奢侈，但这也充分体现了她善良的本性，表现出她的创造力和进取心，也是为了回报那些资助我们的善举。

我完全可以在打字机上撰写关于盲人的文章，给大众提供必要的信息帮助盲人，哪怕是让他们部分恢复自立和自助。我们也很高兴能够在自己的家里为盲人举办各类娱乐活动，并尽可能地帮助他们，但是这对于我们自身发展却没有任何实质性意义。

考虑到恩师能力很强，我不希望拖累她为我做这些日常琐事。一方面，我很担心她的宝贵生命会浪费在料理家务这样令她讨厌的事情上；另一方面，我又急于想给她的晚年攒一份积蓄。这个愿望是我在16岁时就下定决心要实现的，因为当时有一个好心而又好管闲事的朋友挤对她，说她像个奴隶一样在为我工作。后来我通过多年的艰苦努力终于实现了这个愿望。

# 第十一章　与恩师心灵沟通

"即使我的大限来临，你也没有理由担心自己的未来，你完全可以继续生活下去……你不难发现未来的人生不会像你认识我之前那样绝望，更何况你相信上帝的眷顾和关爱。只要我们想走出困境，总会找到走出困境的办法，哪怕是世界上最为棘手的困境也不例外。"

——安妮·莎莉文·梅西

1914年底,恩师经历了一生中最大的痛苦。她的持续伤感让人心碎。连续数日,她把自己封闭起来,要么想拼命挽回约翰的爱情,要么像个弃妇一样伤心地哭泣。我妈妈当时和我们住在一起,看到安妮如此遭罪,她感到揪心的痛楚:

"海伦,我相信命运对那些漂亮、睿智的已婚女性并不公平。我敢肯定,安妮一度满怀希望,觉得约翰这样才华横溢的男人对自己的人生发展能有所裨益,但是她所期望的生活完全化为泡影。"

尽管脸上没有了往日的容光,但是她的矜持让她拼命把痛苦隐藏,而且拒绝接受安慰。除了在静夜对我倾诉,她没有对其他任何人提到过自己的痛苦和噩梦。她的健康每况愈下。她曾经试图进行锻炼,但是肥胖的体格让她无法适应超强度锻炼。她的视力也迅速恶化,现在连读书怡情都成了奢侈。然而她非常坚强,决心不让困扰她的情感纠葛和糟糕情绪破坏我的人生发展势头,这种坚毅是她艰苦人生磨炼出来的成就之一。

1914年初,我妈妈陪我们去了趟远东,开始第一次巡回演讲。年底,恩师开始辅导我们的新伙伴——波莉·汤姆森,一个性格开朗的苏格兰女人,来做我的助手。

她虽然对世界知之不多，但是却急于了解美国疆土的辽阔和大自然的宏伟。最重要的是，她非常善良大度，除了为我们服务，她别无所求。经过数月的短暂培训，她踏上了陪同我们横跨美洲大陆的演讲之旅。波莉以前所未有的坚强意志克服了种种困难。她需要努力领会恩师骨子里那些奇怪的想法——这种能力正是追求完美必备的本领。

在那段日子里，忧郁会时不时地困扰恩师，有时会压得她喘不过气来，乃至把生活搞得一团糟。事实上，她一度很害怕自己会精神分裂。但是，她的判断力没有受到任何影响，她也从来没有停止过思考或者体力劳作。真正受到影响的是她的想象力，而不是她的判断力。这种狂放不羁的想象招致她对一些日常习惯的厌恶，她有意识地安排一些娱乐活动来摆脱这些不切实际的想法。她睡眠不足，作息完全紊乱。她有时早上起得晚一点儿，以便自己疲惫的身体能够适应一连数小时的辛苦劳作。

偶尔，她会把自己的脑袋枕到我的肩膀上，叹息说："我今天要是能避开这些工作该有多好啊！"

可过不了多久，她又会挺直身子惊叹："我们的听众是无辜的，并不是他们导致了我的不幸！至少，我还要讲述你的故事。你的故事可以激励那些原本可能被摧毁的人们坚强起来，承担更大的压力和重负。想想社会为我们所做的一切，请帮助我用我们自己的服务来回馈社会的善举。海伦，请记住雪莱的诗：

> 穷人和被压迫者的一丝勇气，
> 也许只是小屋灶台摇曳的火光，
> 定将穿过暴君金屋的穹顶，
> 扶摇直上。
> 如同黑暗地球上的一座灯塔，
> 如同见证沧桑变迁的灯光，
> 像真理一样驱散曾经的谎言。

就这样，我们一边旅行，一边演讲，可是我想给恩师攒点儿钱的愿望还是没有实现。

我们决定通过我的巡回演讲来维系生活，并且在任何可能的情况下，通过我的写作来赚钱。

安德鲁·卡耐基是我们非常要好的朋友，他慷慨地赠给我一笔救济金，这大大缓解了我走向自立的艰难程度，帮我实现了体验自立的乐趣。要不是卡耐基因为自己童年困顿的生活经历而给予我们理解和支

# 第十一章　与恩师心灵沟通

持，我们这样两个残疾的女人根本不可能在伦瑟姆或者长岛拥有房子，我也不可能为恩师安排一次短暂的休假，去波多黎各岛疗养，帮助她恢复健康。

1916年初冬，恩师去普莱西德湖村治疗由过度操劳引起的持续咳嗽。波莉陪伴她去看病，而我则和母亲回到亚拉巴马州。

波莉来信说安妮经常郁郁寡欢，而且极易发怒。阴暗的天气、难熬的孤独、令人发疯的情感折磨以及周围那些脾气古怪的老年人，压得她喘不过气来。我从来没有见她温顺地屈服过，即便是面对医生的权威，她也不会让步。所以，当她捎信说要坐船去波多黎各时，我一点儿都不感到奇怪。

## "欢乐岛"之游

收到恩师寄来的盲文书信，我心跳加速，内心对我的赞助人卡耐基先生充满感激之情。在信中，恩师的快乐洋洋洒洒，她把波多黎各称做"欢乐岛"。她的第一封信差点儿让我激动得无法呼吸。

恩师告诉我，她和波莉连续11天冒着风雪，迎着刺骨的海风，顶着暗色的天空，望着渐渐远去的阿迪朗达克山脉，乘帆船出行。

"这一切是如此难以置信。海伦，我需要不时地拧自己来确信这一切不是在做梦。远处是太阳照射下的温暖的海水，浪花四溅，而波多黎各岛就像一艘乘风破浪的巨轮！"

她反复诉说着海岛上天堂一般的美景——"一幅色彩斑斓的画卷：鲜花怒放，灌木郁郁葱葱，到处是芬芳的玫瑰、铁线莲、树状百合、一品红以及其他我从未见过的花卉，就连电线杆上也张灯结彩，周身缠绕着各种花朵。但是最宜人的还是这里的气候，温暖而不燥热，总有海风不时地送来凉爽和惬意。这里的房子都没有窗户，当地人几乎什么都不用穿，事实上当地的黑人儿童根本就不穿衣服。沿街的房子喷着各种颜色的涂料，整个大街如彩虹般色彩纷呈。"

从这些信件中，我能真切地感受到她的祝福和爱心。当我触摸这些老式美国盲文字符时，我陡然意识到，恩师使用这些盲文字符拯救了我的灵魂，而这已然是数十年前的事情了。单是那漫长、枯燥的写作过程就足以让这些信的每一个字母弥足珍贵，更何况这些信件的意义远远不止于此。信中字里行间流露出恩师重获新生的喜悦、她对波多黎各独有的宁静和诗意的陶醉、她面对美景时的欣喜若狂，还有她言谈时的潇洒自如，这一切都勾起了我尘封多年的童年记忆。

她的快乐远比我自己的快乐重要。值得欣慰的是，这些信件让我再次想起曾经的安妮·莎莉文——一个无忧无虑、渴望冒险与快乐、不受羁绊的自由女性。尽管视障，她仍然以极大的乐趣耕读不辍，在充实精神世界的同时，获得极大的满足感。她努力想让土著人理解她的手语，而且乐此不疲。当他们齐声应和"是，是的，夫人"，或者当她摇头时，他们流露出困惑的表情，她感到非常愉快。

这让我想起小时候曾经问过她为什么不愿意学习其他语言。毫无疑问，以她坚强的意志应该不难学会一门外语，但是后来我发现，她那可怜的视力几乎无法完成这样的任务。比如说，为我查找那些用奇怪字母拼写的希腊语词汇，为我朗读没有盲文版的歌德的《赫尔曼与窦绿苔》[1]，以及用晦涩方言写成的莫里哀[2]、

---

[1]《赫尔曼与窦绿苔》（*Hermann and Dorothea*），歌德的诗作，莎莉文曾经为海伦朗读这首诗，训练她对语言节奏的掌握。

[2] 莫里哀（Molière，1622~1673），原名让·巴蒂斯特·波克兰，法国喜剧作家，被誉为"法兰西精神"的代表。

高乃依①和拉辛②的剧本，对她的视力都是沉重的负担。

恩师固有的独立意识可以从下面我引用的信件节选中得到印证。

"我将在山林里建造小木屋，把它作为居所。这个居所有四间屋子，我们就叫它营地，别的都不需要……我会买些生活必需品，也会尽力把它打理得井井有条。你知道，我需要一些时间恢复健康。我相信，在这里我将是最幸福的。小屋会很高，周围会栽种柑橘和葡萄柚，屋前还会有一片菠萝树。"

恩师的决定让我们所有人都感到一丝不安，各种劝说、恳求的信件纷至沓来。但她总是这样率性，却又不失理智，我也就没有过多地坚持。

不久，她又来了一封信，信中她一贯的调皮和揶揄式的幽默让我长出一口气：

"现在，我必须说说你妈妈对于波多黎各岛的偏见。我真不知道她为什么会对一个自己不了解的地方

---

①皮埃尔·高乃依（Pierre Corneille，1606～1684），法国悲剧作家，与莫里哀、拉辛并称为17世纪法国古典戏剧三杰。

②拉辛（Jean Racine，1639～1699），法国诗人，与莫里哀、高乃依齐名，与其他二人不同，拉辛生前和国王关系非常密切。

## 第十一章 与恩师心灵沟通

有如此强烈的成见。我希望你能找一种善意的方式，让她理解我在这里待到 4 月份的计划。用爱默生①的话说，俱乐部的会议厅就如同监狱的监舍。约翰·班扬②宁愿坐牢也不去教区的教堂；乔治·福克斯③宁愿坐牢也不愿在地方官面前脱帽致敬。我宁愿像他们一样成为烈士，也不愿意回到阿迪朗达克山那压抑的环境中去。

"如果世界上所有人都知道什么对自己有好处，而且都照此选择自己的生活方式，这个世界将会截然不同，尽管并不一定很有趣。但是我们并不知道什么对我们而言是有好处的，我正在花时间去实验，这个实验非常有意思——有时候也非常昂贵，但是，除此之外，别无良方获得这方面知识……

"真庆幸，我没有半点儿新英格兰人普遍拥有的

---

①拉尔夫·瓦尔多·爱默生（Ralph Waldo Emerson，1803～1882），美国散文作家、思想家、诗人。1837 年发表的《美国学者》被誉为美国思想文化领域的"独立宣言"。

②约翰·班扬（John Bunyan，1628～1688），英国小说家、散文家，身陷囹圄 12 年，泣血而成《天路历程》。

③乔治·福克斯（George Fox，1624～1691），英国宗教派别贵格会（或公谊会）的创始人。他的日记甚至在非贵格派（non-Quakers）的人间广为流传，日记陈述了他个人生动的游历。

清教徒式的道德观。如果有，哪怕一丁点儿，我也会担心自己在波多黎各享乐时有负疚感。一个人在这里无法不感到快乐，海伦，在这里你所有的感觉就是快乐、悠闲和漫无目的。这里的生活就是异教徒一般的生活，而这样的生活都是我们从小被告诫的要远离的罪孽。我每晚上床时候，浑身散发着阳光的味道和柑橘花瓣的清香，伴着老牛咀嚼香蕉树叶的声音入眠。"

当恩师和波莉在小屋安顿下来时，我能够想象出安妮的欢乐。几头老牛一声不响地走进她的小屋，眼神中充满深不见底的安详，而那只由她收养的流浪狗巴亚蒙，心宽体胖，毛发整齐，惹人怜爱，在一旁有力地吠叫。

那封信接下来说：

"每天傍晚时分，我们坐在门前的长廊目送太阳落山，盯着如血的残阳由一种颜色变成另一种颜色——从玫瑰色到日光兰（你知道这是一种什么颜色吗？我觉得是一种蓝色，但是我已经知道它其实是一种金黄色，是苏格兰金雀花的颜色），再到紫色，最后是深紫色。当星星在天空升起的时候，我和波莉都屏住了呼吸——它们低垂在天际，犹如色彩缤纷的路灯，数不清的萤火虫散布在草间树丛，闪闪发光，时而明，时而暗，蔚为壮观。

"……我着魔似的迷上了这个地方。我体内沉睡多年的激情被点燃。登上圣胡安①的码头，仿佛踏上阔别多年的故土，多年的愁思一扫而光。"

用非常小的盲文写字板书写这些信件一定让恩师非常疲惫，而且苦不堪言，尤其是她对那些繁多的连写、缩写并不熟悉，而这些又是为了帮助盲人轻松阅读和写作所必需的规则。她一边创作，一边还忙于应付家务劳动。当时她正教波莉如何做饭，教她应当承担的职责，比如如何处理我们私人生活中的紧急事件，如何应付我们在公众面前的活动安排。波莉过去只是负责处理我们的往来信件，收拾衣服柜子，帮助我们应付媒体采访。从恩师的信里，我觉得她的身体状况仍然很差。对于波莉的悉心照料我非常感激，只有她能帮助恩师身心松弛，安心在"欢乐岛"上疗养。

在恩师给我的另一封信中可以看出，她的整个灵魂都沉浸在快乐与狂喜之中：

"太阳把一条条金线抛洒在大地上，空气中散发

---

①圣胡安（San Juan），为波多黎各首都。

着橘子花的芳香，地面上铺满了细长如丝带的菠萝树叶，远看似乎要燃烧起来。从游廊望去，这些红如火焰的叶子就像波斯地毯一样，只是更加光艳，让人不忍心踩踏。菠萝看上去很可爱，但是摸上去却如同刺猬一般让人不舒服。如果我能早点儿感觉到蜂鸟成群结队绕着橡胶树飞行的话，我就不会浪费那么多时间、那么多精力去反思那些战争。我们是不是有点儿愚蠢？让人类的暴行充斥自己大脑而不是用大自然的美丽净化自己的灵魂。但是我们必须尽力互相帮助，而且必须尽力保持精神健康。如果我们相信这个世界在发疯，那就更应该保持自己的心智健全。"

一个令人鼓舞的消息就是在波多黎各养车的成本并不算高。恩师告诉我，我们的司机哈利·兰姆帮我们把养车的成本降得很低。

"哈利会在很多方面给我们带来安慰。啊，真的，我们非常享受有车的生活。再说，我们确实需要它，因为我们没有别的交通工具，甚至连购买生活必需品都得依靠邻居的慷慨相助。还是过来吧，海伦，我会带你参观我天堂的每一个角落。"

还有一次，恩师写信跟我分享她的奇特经历。

"我经常会想起一些事情来，有时非常模糊，有时又非常生动，就好像我曾经来过这里，或者类似的热带地区。大雨过后的炙热阳光让我兴奋，山坡上绿色的甘蔗林是那么熟悉，让人有点儿不安。山间投下的蓝色影子，山路上的每一个急拐弯，都会让我把头迅速转向路边，似乎想寻找我熟悉的面孔，你说奇怪不？那些带刺的植物让我想拔腿就跑，我相信我能感觉到它们细长、锋利的针刺扎进我的肌肤。这种印象如此强烈，以至于我甚至用手在身体上寻找被扎出来的斑点。

"有天晚上，我们驱车返回圣胡安，在途中的一个紧急拐弯处，路边有一汪深不见底的水潭，黄色的月亮在东方闪烁。哈利说：'快看！'波莉把身子探出车窗查看。我无法看清发生了什么事，浑身因为恐惧而僵直。但是我确信无疑地知道，仿佛我的肉眼真能看见一样，两个赤裸的男人正在昏暗的光线下激烈打斗。果真如此，当波莉和哈利告诉我他们所看到的一切时，我全身冰冷，感到近乎绝望的孤独。真有点儿离奇，难道不是吗？无论原因是什么，这些印象似乎都是在怀旧。谁又能知道——爱尔兰古老的莎莉文家族的一个女孩儿竟然会毫无理智地爱上一个西班牙士兵，而且爱得有点儿疯狂。你知道，入侵爱尔兰的军队通常是雇佣军，是一群来自不同国度的冒险者——法国人、西班牙人和荷兰人。

"当这些农场苦工在工作、散步，或者是在门前小憩时，他们会哀怜、富有节奏地诉说自己的哀怨，非常像你在自言自语，海伦——'摘橘子，一个接一个。''钓鱼，甩杆，收线。''散步，一步接一步，先小步，后大步'——你还记得吗？就像我教你形容词那样。

"我真希望，盲文写起来更轻松些。由于书写过程缓慢，我的许多想法不能及时表达。但是，你知道，它们都在我心里，就好像你描写的黄水仙一样，整个冬天都待在地下。我的想法会和黄水仙花一样在我们重逢的春天绽放，给你也带来欢乐。"

她的邀请非常诱人，但是妈妈和我都不打算接受她的邀请。因为我们坚信，那样做会剥夺她非常需要的宁静和放松。

## 走向成功

她的许多信件对我的人生都是宝贵的引导，激励我走到今天的成功。

我在给她的信件中曾表达了对她和我们未来的担

忧，作为回复，她在信中说：

"海伦，你一定不要为未来担忧，我还不会死，我知道我会康复，我一点儿都没有生病的感觉⋯⋯

"即使我的大限来临，你也没有理由担心自己的未来，你完全可以继续生活下去⋯⋯如果你安静地观察你周围的生活，尤其是你个人的生活，你不难发现未来的人生不会像你认识我之前那样绝望，更何况你相信上帝的眷顾和关爱。（我不可能有这样的安慰，但是我由衷地替你高兴，因为你可以得到上帝的安慰。）只要我们想走出困境，总会找到走出困境的办法，哪怕是世界上最为棘手的困境也不例外。"

在另外一封信里，她采用了一种我至今都在使用的方法来鼓励我：

"我很高兴你在朗读诗歌，唯此才能保证你的思维不僵化。对我来说，逐渐揭开诗人神秘的思维，把他们思想的成果展现在我们智慧的光芒之下，然后仔细体味诗人的寓意，是一项令人惬意的智力锻炼。同样令人着迷的事情是观察这些诗人的智慧之花和智慧之果在被移植到另一个人的大脑时，如何幻化出不同的色调、不同的气息和不同的味道。"（她和我一样痛切地记得《霜王》剽窃事件带给我的挥之不去的阴影。）

"文字游戏是世界上唯一公平的游戏，置身其中，你可以与那些最优秀的诗人平等地竞赛，请不要因为文字游戏进展太慢而失去耐心。一定要牢记，那些伟大作家经常会为了一个恰当的表达、一个美好的意境推敲好多天。你对当今社会的问题、对残疾人士的处境非常关心；你有颗善良的心，渴望为人类服务。如果不去写作，你如何能实现这个愿望呢？"

爱的十字架在我的心中异常沉重，恩师对来生持不可知论，我从她的信里再次读到了她对生命永恒信念的逆反心理。我可以想见她距离死亡曾是多么接近。让我感到揪心的是，她不能感受到生命永恒这个光辉信念的安慰和鼓励。

"我非常痛苦，自己不能和你一样拥有宗教信仰，每每想到不能分享你的宗教信仰就伤心。你也清楚，对我而言，此生才是重要的。我们今生今世所做的事情才是有意义的，因为我们的行为会对其他人产生影响。

"作为诗歌和文学作品，我也非常喜欢《圣经》，我也在阅读过程中发现美文，获得乐趣。但是我相信《圣经》和其他所有优美的文学作品一样，不会得到神灵更多的启示。未来对我而言是模糊不清的，我坚信爱会永恒，永恒地体现在生命的始终。我使用'永恒'这个词只是遥指我思维能到达的地方。

"对你而言，来生可以期待，逢凶可以化吉，这些都是再自然不过的事情。尽管你残疾的身体会带给你许多艰难险阻，但对不朽人生的自觉信念能帮助你发现生活的真谛和意义。你能够在一个叫做天堂的地方生活到永久，但这对我没有吸引力。我很满意，除了生活在别人的记忆里，死亡会成为我生命的终结。"

在引用上述几段文字时，我的心又和恩师靠近了一步。我非常渴望能够让她相信我是因为生活美好而热爱生活，也是因为她的到来而热爱我的人生。我心悦诚服地接受新教并不是因为它能为我的失明失聪，或者其他身体缺陷提供"安慰"。在内心深处，我一直认为我也在使用身体的五种感官感知世界，因此我的生活是充实和完整的。此时此刻，我生活在精神世界里，当我从尘世的梦里醒来时，我的生命将延续到永久，因此我一直认为恩师一刻都不曾离开过我。我不会再像现在这样因为时空的限制而对生命永恒产生怀疑，我也不会在追求情感和思维的新体验时受到空间的限制。恩师因为缺乏应有的耐心而无法领会人的

"本能"，这种本能可以使我们的精神世界存在五种感官，可以赐给我们神奇的力量去亲眼目睹那些不曾被看见的景象，亲耳聆听那些不曾被听见的声音。

## 寻找个性发展空间

我已经引用了恩师的一些信件，这些信件对我意义非凡，因为它们显示了恩师对我的尊重，她从来都把我当做一个平等的人来看待，而不是一个失聪或者视障的残疾人。她从来不曾强迫我违心地说话、违心地看问题或者违心地做事情。她认为自由表达个人的政治立场、经济观点和宗教信仰，并且坦诚布公地听取别人对这些问题的看法，是上帝赋予每个人的权利。她也从来没有因为生理上的残疾而耻笑我，而且无论我们之间分歧有多大，她都会非常诚恳地听取我的看法。在我成长的岁月里，她总是支持我形成自己的主见，寻找自己的个性发展空间。

"亲爱的，你知道，你骨子里是一个富有激情的改革者。你我二人都像战场上的斗士，在为和平而战。我不止一次地说过，我们两个人的生活俨然就是一个战场。如果我们养成了人类那些温柔品德的话，也许我们生活的世界会变得更为安宁，但这取决于我们自己，我们得设法对周围的人更有耐心、更宽容。离开我们的努力，单靠上帝是没有办法让这个世界更仁慈的……

"这当然是个令人遗憾的理由，因为威尔逊总统[1]没有能够随着世界的扩张而变得永恒不朽。但是他所生活的世界真的扩张了吗？这一点似乎不可否认。有些人没有办法接受任何与自己意见相左的观点，他们自然地变老，结果就想当然地认为自己的成熟就是智慧。

"与厄普顿·辛克莱[2]不同，我对威尔逊总统没有任何信心。辛克莱是激进的社会主义者，受到了约瑟夫·艾特[3]的鄙视。他只不过碰巧被威尔逊滔滔不绝的言论所打动。不，不可能！威尔逊绝对不可能是一个伟大的人文主义学者。他所有的言行都被一种僵化的观点所左右。尽管我不清楚是什么样的观点在左

---

[1] 伍德罗·威尔逊（Woodrow Wilson，1856～1924），曾担任普林斯顿大学校长8年，新泽西州州长2年。民主党人，美国第28任总统，1912年～1920年执掌白宫。

[2] 厄普顿·辛克莱（Upton Sinclair，1878～1968），美国作家、社会改革家。

[3] 约瑟夫·艾特（Joseph James Ettor，1886～1948），美国劳工领袖，策划并领导了1912～1916年之间的系列工人大罢工。

右他的思维，但是随着事情的发展，真相总会水落石出。不过，有一件事可以肯定，他自认为所做的一切都是为了整个世界至高无上的利益。世间的一切剥削都是仁慈的，这就是救世主威尔逊的真实写照。我相信除了上述揭示的真相，我没有什么兴趣去发现威尔逊总统言行中的利他主义动机。我猜想，我大概属于那些不能永恒存在的人之一。"

她接下来的一封信如钢刀挖心，让我非常难受。在美国介入一战时，我的是非观念非常明确，而且成功地坚守了自己的和平主张。但是二战爆发伊始，人们的立场就截然对立，要么支持希特勒，要么选择自由世界。我尽一切努力支持美国政府和盟军推翻残暴的独裁统治。但当时我觉得自己背离了神圣的和平方针，而且到现在仍有一种负疚的感觉。

"当然，你不可能不对这场可怕的战争感到恐惧，但是我们别无办法，只能等待。我相信，用不了几个月，我们就会卷入这场战争。我不明白这样做有什么好处，但是作为个人，我们已经尽了最大的努力来避免美国卷入这场灾难中去。

"的确令人不可思议，这么不体面的事情会发生在我们所生活的文明时代。你也就不难理解为什么比尔·海伍德①曾经讥笑没有哪个国家堪称文明国家。我记得他说过，人类的高尚无非是透明的遮羞布，用来掩饰说谎者、骗子和谋杀犯的劣行。当初我不敢苟同，认为他的言语有点儿狂妄，然而，眼下这场可怕的战争让他的狂妄论断听上去温和了许多。

"你知道，我从来就没有相信过威尔逊总统，他是一个典型的自我中心者、十足的独裁者。他想要成为铁血宰相俾斯麦②式的人物，但是却没有俾斯麦的智慧和才干。当银行家开始担心收不上来贷款时，他们唆使总统介入战争。但是，海伦你也知道，在历史上，人类所经历的最糟糕的事情、最恐怖的灾难都发生在新时代到来之前的过渡时期。法国大革命的破坏、毁灭和恐怖是不可避免的，但是它却唤醒了那些不幸的民族，激励他们为自己的人权而奋斗。谁知道会怎样呢？这场战争可能会把野蛮、愚昧和丑陋的富豪统治集团打翻在地；资金的浪费也许会非常巨大，

---

①比尔·海伍德（Bill Haywood，1869~1928），美国劳工领袖、国际劳工协会创始人之一。

②俾斯麦（Otto Eduard Leopold von Bismarck，1815~1898），普鲁士政客、贵族，主要贡献是统一德国。他执政时推行务实政策、高压政策，人称铁血宰相。

以至于资本主义无法再度崛起；牺牲和成本也许无法估量，但是收益也必然是超乎想象的。啊，亲爱的，这封信多么煞风景啊！它和我目前所处的环境也格格不入。"

当我收到恩师下一封书信时，内心犹如触电一般。她在信中附上了罗曼·罗兰①致威尔逊总统的公开信。不，我不认为罗曼·罗兰的慷慨陈词会得到任何答复。但是这封信再次肯定了我的信念，即世界各地的人道主义者都渴望和平。

每个民族都在冲破自身文化的藩篱。您预期和等待的时刻就要来临了。希望这个时刻觉醒的钟声不要被忽略。在欧洲的每一个角落，每个民族都有与日俱增的强烈愿望，那就是重新掌握自己的命运，为欧洲的伟大复兴而团结奋斗。为了跨越政治派别的利

---

①罗曼·罗兰（1866~1944），法国作家、音乐评论家，试图以"革命戏剧"对抗陈腐的戏剧艺术。20世纪初，他的创作进入一个崭新阶段。1915年，为了表彰"他的文学作品中的高尚理想和他在描绘各种不同类型人物所具有的同情和对真理的热爱"，罗兰被授予诺贝尔文学奖。

## 第十一章　与恩师心灵沟通

益，人们伸出双手，渴望团结一致。然而，在他们之间永远有一道深不见底的鸿沟——隔阂和误会。我认为有必要架起理解的桥梁弥合这种分歧。自古以来驱使不同民族发动战争、盲目残杀和相互毁灭的狭隘民族观应当被摒弃。但是，光靠欧洲人民，显然力不能及。因此，他们急需外界的帮助。但是，他们该向谁求助呢？

只有您，总统先生，只有您依然享有道德领袖的威望，能够影响其他民族的政治家和他们的政策走向。请您一定要对这些哀怜的渴望作出回应，握住这些求助的手，帮助他们走向团结，帮助那些在黑暗中摸索的人走出困惑，帮助他们建立自己苦苦求索的自由和团结的新秩序。

试想，欧洲有可能解体，陷入万劫不复的地狱。每个国家的人民都对自己的统治者缺乏信心。在这样一个关键时刻，您仍然是唯一可以与这些民族对话的权威者，包括来自对立集团的中产阶级；您在此刻依然是唯一可以在他们中间斡旋和调停的使者。如果您的斡旋失败，裂痕日深的民众之间因为力量失衡而在命运的驱使下无所不用其极，不同文化的民族之间相继陷入血腥的无政府状态，腐朽政体下的各个政党之间也会采取血腥的敌对手段。阶级战争、种族战争、旧有集团的利益冲突和新兴集团之间的权利之争以及盲目的社会争斗层出不穷，而争斗的双方仅仅是为了相互之间的仇视，为了满足庸俗的贪婪。人们生活在梦中，说着梦话，只有今天，不考虑明天。

作为伟大的乔治·华盛顿和亚伯拉罕·林肯的继任者，总统先生，您不要拘囿于一党之私，一己之利，而应当以天下苍生的福祉为念。邀请欧洲各民族的代表出席人道主义议会，以您高尚的道德良知以及前途远大的美国赋予您的权威来主持会议。告诉他们，人类社会需要一种能够超越政党利益，超越种族界限的强音。担当自由民族之间的仲裁者吧，但愿未来能够赋予您"和谐使者"的称号！

波多黎各信件集中反映了恩师人生当中仅有的一段幸福生活。在这短暂的日子里,她在理想世界与现实环境之间的冲突荡然无存。我能够猜想到她是多么不愿意离开自己的"欢乐岛"而重返令她忧心忡忡的现实世界。她深知自己曾经渴望寻求的人生际遇将不再会眷顾自己。她为视力日益模糊、行动受到越来越多的限制而担忧,为自己越发暴躁的脾气而痛苦。

# 第十二章　演艺之旅

尽管我深知她对这些迎合普通观众的平庸台词无可奈何，但是无论演出多长时间，无论她有多么累，她表现出的敬业精神让我深深感动。

——海伦·凯勒

## "触电"好莱坞

我和恩师接受邀请，去好莱坞拍摄一部反映我生活的电影。当时这样做只有一个愿望，就是给恩师的后半生留一点儿积蓄，攒一些钱养老。恩师的身体一直没有完全康复，有一年多不能演讲，但拍摄电影的工作让她得到了些许安宁，生活变得充实。

时值1918年夏天，白天天气非常炎热，晚上比较凉爽。给我们带来无尽乐趣的是花园里高大如灌木的天竺葵、华丽绽放的罂粟花，以及能够让恩师联想到我灵魂重生的一品红。在通往摄影棚的路上，我们经常会偶遇意外惊喜：爱斯基摩人的远征队和他们的狗拉雪橇在地图上没有标注的阿拉斯加荒原上驰骋；一辆老式的马拉快车在乡间道路上奔驰；或者有一群登山爱好者正在滑雪。

在拍摄间隙，恩师经常和导演以及其他工作人员聊天说笑。带着和我一样的设想，她直率地和投资方代表莱布弗雷德博士[①]交涉，最终从他那里得到满意

---

[①] 埃德温·莱布弗雷德（Edwin Liebfreed），美国艺术家，曾代表投资商制作反映海伦·凯勒生平的无声电影《重生》，在《中流：我的激情岁月》一书中海伦曾提到过他。

的承诺。他将成为我们的赫尔墨斯，以最快的方式引导我们抓住观众的兴趣，博取同情。

那些诺言至今也没有实现。每当这个家伙因为成本增加气得脸色发紫时，恩师就会非常耐心却又毫不留情地提醒他要信守承诺。其实，他只是出于商人的本能，希望拍摄一部"商业传奇"般的电影，恩师和我则希望真实地再现我们的生活，这两种观点注定无法调和。这是一出严肃的喜剧，恩师始终在坚定不移地维护我的权利，鼓励我尝试从未涉足的生活体验，领教从未经历的人情世故。

我曾希望好莱坞的特殊氛围能够让恩师展示真实的自我，但是她却表现得非常矜持，尤其是在玛丽·皮克福德[①]、道格拉斯·费尔班克斯[②]，以及卡丽·雅各布斯·邦德[③]夫人面前更是非常低调。大家都非常友善，但是当她们褒扬我的成就时，我有一种

---

[①] 玛丽·皮克福德（Mary Pickford，1892～1979），生于加拿大，好莱坞早期无声电影明星。

[②] 道格拉斯·费尔班克斯（Douglas Fairbanks，1883～1939），美国演员、剧作家、导演、制片人，奥斯卡第一届颁奖主持，与玛丽·皮克福德在1920年结婚。

[③] 卡丽·雅各布斯·邦德（Carrie Jacobs Bond，1862～1946），美国歌唱家、钢琴演奏家、词曲作家，毕生作品大约175首。

被欺骗的感觉,因为她们几乎从不提恩师。可是我非常清楚,是恩师的辛勤努力为我开辟了获取知识的途径,为我铺就了走向成功的道路。

当恩师与查理·卓别林在一起时,她恢复了自己热情大方的本性。他们都经历过贫穷的折磨,身心都有贫穷留下的伤痕;他们都曾为教育和社会平等而奋斗;随着自身的成功,他们又都和善地为穷苦人争取权利;他们都有点儿害羞,没有被成功的喜悦冲昏头脑。他们之间自然更容易相互理解,并建立深厚的友谊,在伟大的艺术世界里惺惺相惜。

## 还以公道

尽管我一直静静地观察她,渴望接近她,但是我对她晚年生活所许的愿景却没能实现(如果爱可以用许愿来表达的话)。如果恩师以为我面对潮水般的赞誉和公众认可就心满意足并洋洋自得的话,她一定是被自己对我的爱所蒙蔽。为了还恩师一个公道,这里我需要重新审视那些强加在恩师身上的愚蠢论断。

前面已经提到过我在《霜王》剽窃事件中的尴尬境遇,而让我至今不能释怀的是有人竟因此指责安妮·莎莉文扭曲了我的思维。我在拉德克利夫学院读书期间，有些人自封"大善人"或者"盲人的朋友"，到处散布与我有关的流言飞语。他们含沙射影地指责老师强迫既盲又聋的我学习超出我接受能力的课程。

在伦瑟姆那段快乐的日子里，我出于兴趣，写了一篇关于培根和莎士比亚之争的文章，因为在文中我是支持培根的，这让一些朋友非常震惊。其中就包括《世纪杂志》的理查德·沃斯顿·吉尔德[①]。吉尔德先生曾经让《世纪杂志》发表《我感知的神奇世界》和《石墙之歌》。虽然前一篇争议非常大，他还是同意发表。但是当我把培根和莎士比亚之争的文章寄给他时，他担心这篇文章可能会让我受到伤害。他批评恩师和约翰怎么允许我写这样的文章。但是他做梦也不会想到，恩师不干涉我自由表达自己的观点。我提到这件事，并不是为了夸大这篇文章的重要性，而是因为外人第一次了解我可以独立思考。

让我感到拘谨甚至痛苦的是，我的写作必须局限于两个一成不变的话题：一是关于我自己，对此我早已厌烦透顶；二是关于盲人的生活。恩师不愿意让我

---

[①]理查德·沃斯顿·吉尔德（Richard Watson Gilder，1844~1909），美国学者、诗人，曾任《世纪杂志》主编。

在作品中提她，甚至在《我生活的故事》里也不行。

1906年，我被选举为马萨诸塞州盲人委员会成员，而为盲人事业奔波多年、在该领域有着丰富工作经验的恩师却没有当选，这让我很失望。让我感到局促不安的是人们咨询的对象是我，而不是在助残方面有着多年丰富工作经验的老师。我甚至有点儿惊讶，到伦瑟姆家中拜访的客人中，有很多人愿意和我探讨关于聋人、盲人或者盲聋人生活的各种问题，而不去向经验丰富、能轻松回答她们提问的恩师咨询。

一件意想不到的事让我很震惊。一个偶然机会，我结识了时任斯普林菲尔德《共和党人》杂志编辑的F·B·桑伯恩先生。他曾任蒂克斯伯里救济院董事会的董事，那时正是通过他安妮·莎莉文才被送到柏金斯盲校读书。

我认为，考虑到安妮为了自己能受教育而大声疾呼的勇气和她后来为人道主义事业献身的义举，同时，安妮对蒂克斯伯里救济院丑闻一直保持缄默从未向外张扬，桑伯恩可能会非常敬重我的恩师。然而，我错了。当我向马萨诸塞州议会作完关于成年盲人需求的演讲之后，一个可靠的朋友告诉我，桑伯恩先生侮辱过安妮。他因为安妮的卑微出身而攻击她，指责她作为学生忘恩负义，没有在州政府指控救济院时维护其声誉。恩师从来没有向我提及这件事，但我背着恩师给桑伯恩先生写了一封义正词严的讨伐信。

时至今日，我都无法原谅桑伯恩卑鄙的行为。他应该知道，无论我们对自己的同类多么不耐烦，我们注定要生活在同一个世界，注定要相互依存。我们取得巨大成就的机率会因为那些有损同类尊严的行为而大打折扣。看到那些崇尚爱默生和梭罗高尚理想的人从伟人身上学到的不是善心，而是对穷人和不幸者的轻蔑，对我而言，这是一个惨痛教训。

## 智慧之源

在伦瑟姆定居之初，我主要是为盲人做些事情，而不是防盲。当然，仅仅是为盲人服务就让我忙得不亦乐乎。每当盲人的烦心事让我无力招架时，我依然指望恩师用智慧帮我走出困境。

针对不同问题，我们经常促膝长谈。约翰则在一旁朗读那些关于美国、英国、法国和德国的盲人生活现状的报告，其中有些报告是法语的，有些是德语的。由于美国的助盲事业起步相对较晚，除了为数很少的几所盲校，几乎没有人懂得盲人教育方法。我对于有关形势的研究越深入，就越觉得自己力不从心。

公众往往认为，而且现在依然这么认为，盲人群体是一个由相似的人组成的整体。事实是，没有任何两个盲人之间的相似程度会超过两个明眼人。可以说，世界上有多少个盲人，就需要多少种不同的方法去帮助他们。我们需要针对盲婴的培养方法，也需要针对弱视或者完全丧失视力儿童的教育方法；我们需要在特殊的工作场所或者家里安置成年盲人就业，同时也需要照顾那些年老体弱的盲人。

无论是政府还是个人，都有责任和义务满足盲人不断变化的需求。这也就难怪我和恩师为什么要全力适应不断变化的工作需要，调整我在公众面前讲演或者在州议会为残疾人呼吁的措辞。我一直把恩师看做我们的主心骨，把自己看做上帝神圣助残计划中的一个女仆。因为恩师在帮助盲人方面有丰富的经验，也有充裕的资源。

一度有人认为，而且现在依然有人认为，盲聋人不可能了解世界和世界上发生的事情。他们对别人冠以我的"女神"、"圣徒"和"黑暗中的总领天使"等溢美之词嗤之以鼻。但是我始终热爱我的恩师，在她身上所发生的很多事情是我所不能容忍的。

当我被任命为马萨诸塞州盲人委员会委员后，我对该州发起的旨在消除偏见与无知的运动特别感兴趣。这场运动的目标是确保成年盲人在马萨诸塞州能够接受培训，并适当就业，从而达到部分或者完全自立。我记得柏金斯盲校首任校长豪博士曾经筹划一个能够让该州有能力的成年盲人就业的机构。这一创造性的想法并没有得到应有的贯彻，我和恩师尽最大努力让这个理想得以更加充分的实现。

1914年到1916年间的巡回演讲进行得很顺利。我们所到之处，观众都非常友善。我非常钦佩他们对我不尽完美的演讲所表现出的极大耐心，然而我还是感觉恩师没有受到应有的赞赏。由于她有公众演讲方面的天赋，所以恩师自然而然地成为了我们演讲计划的主角，我很高兴看到她无法掩盖的智慧之光。

在与观众的交流中，我从他们几句无关痛痒的谈话中了解到，他们并不在乎我所谈论的人类和平、社会体制和劳工运动，只想听有关盲人的问题或者关于幸福的话题。让我感到满足的是他们非常欣赏恩师的演讲。我想象着恩师站在讲台上衣着简朴，语气谦逊的样子。失望的情绪伴随我从一个地方到另一个地方，尽管人们对她的赞誉非常慷慨，我察觉到他们并非真心领会她的主张。我希望她的贡献和功劳能够得到更广泛、更热烈的认可。但她从来不让我表达这种愿望，如果我对此表现出不服从的苗头，她就威胁说要终止她与我的演讲之旅。

即使与那些我们认为容易沟通的社会主义者和自由团体在一起，我也觉得他们缺乏一种真正的愿望去欣赏恩师的智慧。多年之后，当我完全蜕去年轻人身上的浮躁，才理解教育、经济、政治、科学等领域的思想发展是非常缓慢的。如同挺拔参天的红杉树，它们把自己的根系一寸一寸地扎进人们的意识深处，而把智力启蒙的枝叶一点儿一点儿地伸向思维的空间。

恩师早就注意到这点，尽管第一次世界大战的悲剧在上演，尽管我们对某些激进观点丧失信心，尽管恩师的情绪有点儿低落，她却一如既往地支持我为那些先天不足和生活贫穷的弱势群体争取权利，为世界和平奔走呼吁。

她的第一个想法也是唯一的想法就是，作为人类平等一员，我应当享有完全的自主意识。她告诉我，无论我的看法受到权威专家的赞许还是谴责，我都有权利作出自主选择。在这方面她的态度始终没有受到自己强势个性的干扰，不像我认识的某些人，他们的自我中心人格往往有意或者无意地在摧毁自己希望培养和打算造就的人格。

## 商业演出

刚开始我给恩师挣钱的愿望进展得非常不顺。我先是把赌注押在好莱坞电影制作上，但是这个努力失败了。接下来我们转向剧场的商业演出，可是作为表演必需的基本条件之一，我的嗓音却没有像我开始期望的那样迅速改善。对于观众是否能接受我，我不抱太大希望，甚至有点儿灰心。如果我们再次失败，受伤更深的将是恩师，而不是我。她不仅要面对生活的窘迫，还要面对世俗的指责。

但是命运这次眷顾了我们。观众，即使是那些粗鲁的工人都乐意观看我们的表演，他们非常友善地接受我的信息——只要人类意识到自身有充分的智慧、足够的善意去愈合那些本可以避免的人道主义创伤，我们生活的世界将变得更加精彩。我对自己能够像舒曼·海茵克[①]夫人那样有尊严地自食其力而倍感自豪。

---

① 舒曼·海茵克（Schuman Heink，1861~1936），奥裔美国女低音、中音歌唱家。

## 第十二章 演艺之旅

我们的经纪人，哈利·韦伯先生，以超乎寻常的善解人意为我们铺平了道路，我也终于能够如愿以偿地为恩师积攒一点儿微薄的积蓄，而这是我早年就已经珍藏的梦想。我尤其要感谢哈利·韦伯先生，因为他非常善于应对我们面临的批评和指责。当有人批评说我应当在报告厅和教堂里作这些演讲，而不是在舞台上搞商业演出时，韦伯先生巧妙地回敬道：

"如果我们按照您说的去做，您会为此付费吗？"

这些人很快就噤声了。剧场演出的另一个好处就是音乐是节目的主体，整个演出只有20分钟，而不是90分钟。更何况每到一处，我们都可以停留一周，而不像以前作演讲时要求的那样，出席东道主出于好意但非常熬人的应酬活动。

舞台演出的那两年时间对恩师是个磨难。尽管所到之处听众都会告诉我聆听恩师的声音是一种享受，她却从来没有真正享受过在公众面前表现自己。除此之外，每一次出现在强光下都会让她的眼睛痛苦不堪。最重要的是，她的伟大灵魂时常有一种笼中困兽的压抑感，她为自己听到的、看到的琐碎事情烦恼和痛苦。尽管我深知她对这些迎合普通观众的平庸台词无可奈何，但是无论演出多长时间，无论她有多累，她表现出的敬业精神让我深深感动。她的人生似乎总像鱼缸里的小鱼徒劳地在原地打转，而她时不时发作的郁闷和愤怒情绪也对她的生活毫无帮助。在痛苦地挣扎之后，她发自肺腑地感叹道：

泪水怎么也浇不灭内心的火种。

她讨厌人与人之间的争吵、嫉妒以及各种狭隘的偏见。她经常会遇到一些让她失去耐心的人，因为这些人对自己信奉的生活信条和道德说教半信半疑，他们很少，甚至从来没有在行动中践行自己的信仰。

在和这些人交谈时，她往往会大声嚷道："无论发生任何事情，都要记住，失败了再重新开始。每次遇到失败和挫折，都要重新开始，你会发现自己变得更加坚强，直到你实现了一个目标，而这个目标也许并非是你最开始预期的，但一定是你为之骄傲并乐意铭记的目标。"

可是又有谁能够数得清恩师曾经的努力、失败，以及成功呢？

令我懊悔但又钦敬的是，恩师陪我跟随马戏团演出时，早已到了该退休的年纪。而让我遗憾的是，我当时有些让人厌烦，习惯性地问一些尴尬问题，而且喜欢刨根究底。

恩师的健康每况愈下，如果没有波莉搀扶，她会频繁摔跟头。她经常感冒，动辄引起喉炎或者支气管炎。奥芬马戏团①每到一个城市，我们都会让眼科医生为她检查视力，所有的诊断结论惊人地相似——如果得不到休息，她有可能彻底失明。她不愿意听从医嘱，倔强地坚持演出，直到1921年在多伦多因为罹患严重流感而卧床不起。

发生这样的意外事件，波莉只能仓促上阵，作为她的临时接班人完成我们的舞台表演。恩师曾一度康复，又开始上台演出。但是好景不长，1922年初，严重的支气管炎迫使她再度停止演出，因为她的声音特别微弱。

在恩师的指导下，此时的波莉已经完全能够驾驭局面，配合我完成舞台演出。世界上恐怕没有什么比这更能证明恩师对我的无私大爱。她除了逐步减轻我

---

①美国著名的马戏表演团，海伦和安妮曾经随团演出谋生。

在生活上对她的依赖程度，还让我学会与别人一起演出。我曾经一度感到非常茫然，失去了灵感，失去了生活下去的精神动力，但是想起恩师多年来为我所作出的牺牲，我丝毫不敢伤心懈怠。

# 第十三章　梦　想　靠　岸

恩师最早认识到，怜悯是危害盲人发展的绊脚石。在怜悯心驱使下，人们为盲童建造校舍，但是它们实际上是"收容所"，而不是"学校"。这种态度使原本善意的行为失去温馨。为不幸者垂泪、为人类无法抗拒的命运而感伤或许是诗意的，但这不是上帝期待的。

——海伦·凯勒

## 寻找幸福蹊径

对我们三人而言,从奥芬马戏团表演结束到森林岗的行程是一次悲伤的回家之旅。尽管恩师显得非常激动,高度赞赏我为"拓展财源"帮助她实现收支平衡所作的努力。但这些都是表面现象,我并没有被蒙蔽。因为事实明摆着,生活的无限乐趣对于恩师而言,已经画上休止符。曾经闪烁在她脸上的幸福光芒逐渐变得黯淡。每当回忆起自己随心所欲地散步、驾车兜风,甚至无需帮助自主读书时的美好光景,她的内心就倍感伤怀。她认为,这次回家不是迎接新生活,而是残酷的命运在销蚀她的生命能量。当然我并不是说她因此一蹶不振。

实际上,她在努力使自己快乐。每次在家招待朋友,她不停地寻找有趣的话题。她不能忍受那些将忧郁视为一种智慧表现的人。有些人站在生命的圣殿面前,透过大幕之间的缝隙向里张望,发现空无一物,于是抱怨着离开,却不曾反思他们精神视野的昏暗无光。对于这种人,恩师往往嗤之以鼻。

当那双因被忽视而使用过度的清澈眼睛几近失明后,她心情久久不能平静。在柏金斯盲人学校担任校长达 16 年之久的塞缪尔·格里德利·豪博士,卸任之后说过一句话:如果我们想当然地认为没有视力的人可以在性格上全面和谐地发展,那就等于我们承认上帝赐予人类神奇的视觉器官纯属多余。恩师对此深信不疑。

恩师并不否认,人失去视觉,在其他方面可以得到某种补偿。她清晰地记得弥尔顿[①]关于他自己失明的那首十四行诗。在这首出色的诗里,诗人写道:

> 那些只站着待命的人,
> 也是在侍奉上帝。

但是恩师认为,在漫漫长夜里这些补偿是远远不够的。许多盲人非常敏感,因失明而感到羞愧。失明犹如愚蠢的错误或畸形的四肢,使盲人感到屈辱。他们不指望别人的同情与理解,逃避那些看着他们与不幸命运抗争只顾评头论足的舆论。失明是对他们自由和尊严的致命打击,尤其是那些一直都非常上进、非

---

[①] 约翰·弥尔顿(John Milton,1608~1674),17 世纪英国杰出的诗人和思想家,是继莎士比亚后最伟大的诗人。自 1652 年起,他逐渐丧失视力,1660 年完成《失乐园》等三部鸿篇巨制。

常勤奋的人感受更深。恩师就是其中之一。

如果恩师在儿时曾接受适应黑暗的训练，也许会掌握一些在黑暗中保持独立的生活技巧，然而事实不遂人愿。恩师默默承受着不愿为外人所知的无尽挫折和失落。对此不是很了解的人，有时会对恩师非常冷酷，尽管无意也造成一定伤害。

即使有些朋友非常乐意读书给恩师听，她也不愿意接受他们的善意帮助，因为每当别人读完后，她却不能在散发着墨香的书本中找到她想要的那些段落，这点让她于心不甘。她害怕给关心她的人带来麻烦，更害怕拖累喜欢她的人。因为她对自己曾经栖身的黑暗世界记忆犹新，所以对光明充满渴望，她不能接受再次被流放到黑暗的地狱。

尽管归来后不是很适应，但她像往常一样努力把那些烦恼抛到脑后。一两天过后，她就又开始热衷于做有益的工作，找寻通往幸福的蹊径。

当我有时抱怨生活，意志消沉的时候，恩师总会鼓励我说："让我们勇敢地承担起彼此生活的重担吧！让我们调整自己，适应残酷的现实吧！让我们不计收获，默默耕耘，努力为别人做点儿事情，成为对社会有用的人吧！无论上帝给予我们何种能力，我们都要把它转化成积德行善的能量。这样，我们就会逐步走出与命运抗争、保护自我的狭隘情结，更加专心致志地为人间播撒阳光，或许还能使我们的经历焕发出神圣的光芒，使我们获得一种智慧，参透人生相互交织的喜怒哀乐呢。"

我们认为恩师是友情的使者。为了证明这一点，我愿意将她的一些教导辑录成文字：

> 友情可以帮助你在艰难的判断中作出抉择。
>
> 独处的时候，人的逻辑是无情的，这会使人为同类的愚蠢而烦躁。
>
> 生活对于那些受过良好教育的人而言也会索然寡味，除非他们具备诗情画意般的想象；对那些自诩清高的人而言，我们普通人的生活如同无边的泥沼，让他们厌倦。
>
> 但是友情可以冲淡人们头脑中的不友好因子，而且不会对普通人的智力缺陷进行过分批评。
>
> 友情不是目中无人，而是带着友善的幽默面对人类的癖好和瑕疵。

友情在大众的理解中是慷慨的奉献,这样朋友就不必重蹈覆辙,甚至遭受磨难。

友情是一朵可爱之花,经过长期的孕育在枝头绽放;友情是一道光芒四射的彩虹,让周围的一切黯然失色;友情似玛瑙般璀璨晶莹,为单调的世界披上优雅的霓裳。

友情意味着抛却自身的好恶,鼓励同伴释放隐藏的价值。友情不会去浇灭希望的火花。

在商业演出期间,这些新思想更加充分地展示了恩师精神世界的纯洁与高尚。

## 坚持发声训练

回到森林岗后,恩师充分发挥自己的创意,不停地寻找新鲜事物充实自己的生活,日子过得像巡回演讲和舞台演出时一样忙忙碌碌。波莉负责整理房间、做饭、接电话、为客人开门,并打理我们的财务。恩师则督促我进行发声训练。

我多么希望自己当时可以不停地练下去啊!当我触摸恩师的唇角,并努力重述她说的单词时,我多么希望自己的手指可以抓住那向耳朵吐露心声的声音精灵啊。

　　恩师决意要帮助我克服言语中的两大障碍——单音和缺少变音。世界上也只有她能下这种决心，而且她表现出前所未有的耐心。有时，她会大声为我朗读一首短诗或者散文片段，然后让我一遍遍地重复，努力模仿她发音的"口型"。由于我要一直举着臂膀双手才能触摸到她的嘴唇，才能读到她朗读的文章，一番练习下来，胳膊常常酸痛不已。当我在自己的言语中加入一点儿幽默或一丝真诚，她会非常满意，但我还是无法把握说话的口型和重音。

　　为了让我更加清晰地理解她的意思，恩师采用各种形象比喻，如小溪泛起的涟漪、鸟儿圆润的歌喉或某件乐器发出的音符。有时候，我觉得自己发出的声音饱满、圆润而且欢快，便一厢情愿地以为听起来也是如此。这时，恩师会说我的语调很悦耳，但是吐字不清楚。她甚至要求我在睡觉的阁楼里从早练到晚。我也盼望可以激情昂扬地持续训练下去，但是在现实生活中却没有办法做到这一点。

　　伦瑟姆的闲暇时光已经一去难返，我再也不能像往昔一样大声读书给自己听，不能小声哼哼或者尽情歌唱，也不能在说话时用手去感受不同物体对我发声的回应了。或许我过于理想化，但我还是认为，如果我们能在伦瑟姆安静地多待一段时间，如果我们没有那么多演讲，我的语言能力可能还会有所提高。从这个国家的一端漫游到另一端消耗了我们太多时间，每次演讲前草草的排演使我们没有时间主动认真地练习。如果练习更充分、更系统，我的声音听起来可能比现在更加清晰悦耳。

当我们在森林岗安顿下来之后，由于渴望正常说话的夙愿未能实现，我变得十分抑郁，再加上每次登上讲台时的不自在，我克服语言障碍的热情已大不如前。正常说话，这个令我痴迷的目标变得可望而不可即。但由于恩师的缘故，我很乐意把自己关在房间里专心致志地练习，直到精疲力竭。

在家里，我们每天忙着向公众提供关于盲人和聋人的相关信息，回答有关战争与和平的问题，处理有关新书出版等事宜。除此之外，屋子里堆满了成千上万封来不及回复的信件。这些信件多数是用普通文字手写，或者打印的，波莉没有时间处理。这时候，只有亲爱的老师不顾自己的眼疾，帮我挑选出最急需回复的信件，剩下的则由波莉在忙家务的空当帮我简单回复。大家努力减少我回复信件的负担，但这种努力徒劳无功。时间飞快地流逝，我的首要任务——提高说话能力——却几乎被忘却。

## 体会快乐

恩师从不会让我被无休止的烦恼困扰，更不愿意让我的美好愿望遭到搁置。她还记得我们在某处山区乘车旅行的情景。当时我们在冷杉树下睡觉，呼吸着夜晚空气中的芳香，欣赏着夜空的繁星点点，心情无比愉悦。为了让我摆脱困扰，1924年夏天，恩师安排了一次穿越新英格兰的新奇旅行。由于波莉当时在苏格兰休假，所以哈利·兰姆和我们一起去。我们在车上放了带有床垫的新款帐篷、一只炉子、一台冰箱，还有我们心灵的爱人——金色大丹犬齐格琳德。

当我们逃离漫长的高温和难捱的干旱来到伯克郡宜人的绿色世界时，我发现恩师对生活的热情又被重新点燃，这使我非常高兴。

我们的晚餐有牛排、烤土豆，还有杏仁蛋白软糖。美餐之后，我们躺在帐篷里，恩师对我说："仅仅是呼吸这里纯净的空气就足以令人心旷神怡，也只有上帝之手才能造就这么纯净的空气。"

第二天早晨，我们坐在帐篷外的草地上，山坡上的牛儿围拢过来。我闻到了它们清新的气息，有一头胆大的牛还舔了舔我的脸。看到我能和大自然的动物这么快乐地亲密接触，恩师满心欢喜。我们在旁边清凉的小溪里沐浴，当波浪流经身体，我感到生命的颤抖，我为它着迷。

后来，哈利开车带我们来到缅因州，我们有幸领略肯纳贝克河的魅力，这里的风景更是让人激动不已。我们自然不会去这样危险的河流游泳，只小心翼翼地下到水里，紧紧抱住旁边的石头。在我们身边，巨大的圆木顺着湍急的河水漂流而下。在那无比激动的时刻，我们展开想象的翅膀，感受探险家的伟大经历，回顾肯纳贝克河的发现历程，勾画上游宏大的圆木砍伐场面……

接下来，我们到达穆斯海德湖，在那里遇见无拘无束的伐木工人，亲切地跟他们打招呼。在湖里浸泡之后，我们坐在草地上享受阳光。新割的青草散发清香，盛开的野玫瑰吐露芬芳，空气中漂浮的清香沁人心脾。我们以前听说过许多与缅因州以及加拿大驼鹿和北美驯鹿有关的故事，但是在这里却连驼鹿的影子也没有看到，这令我和恩师非常失望。

## 第十三章　梦想靠岸

当我们在那些高大浓密的杉木和松树间穿行时，我想起梭罗①对这里精准独到的描述。他在文章中用"矗立的黑暗"描述这里的参天大树，让我不用眼睛就真真切切地感受到。

后来我们驾驶野营车沿圣劳伦斯向蒙特利尔和魁北克行驶。一路上，恩师和哈利用手语为我描绘沿途古雅的圣坛和耶稣的小雕像。当他们提到房屋斑驳绚烂的色彩时，我才深深体会到他们是在"用眼看世界"。

从恩师在旅途中表现出的平静和快乐里我体会到一种静谧，我希望它可以持久。每次触摸恩师的脸，感受到她对生活的热爱，我觉得自己的幸福人生也立刻圆满。尽管恩师的爱情与婚姻并不完美，但是能够暂时忘却森林岗那些繁重的工作，也足以让她高兴一阵子。

一个人坐拥广袤无垠的大地、一望无际的蓝天和清澈见底的流水，是多么令人心旷神怡啊！现在这些都属于我们！远离尘嚣，我们可以自在地交谈、开心

---

①亨利·大卫·梭罗（Henry David Thoreau，1817~1862），美国马萨诸塞州思想家、文学家，曾隐居瓦尔登湖，主张自然体验。

地欢笑、冷静地思考、随心所欲地穿衣，还可以长时间地沉醉在自己的白日梦里。

尽管恩师从不这么认为，但我一直觉得，因为我的个性让恩师作出了太大的让步和牺牲，这次旅行使我摆脱了这种懊恼情结，内心的愧疚暂时得到缓解。当两个平等的心灵在浩瀚无垠的宇宙和深沉厚重的博爱中交流时，我们感到无比满足。在那次美丽而平静的旅行中，我们平等地分享了许多快乐。这次旅行的珍贵于我而言无以言表，刻骨铭心。

旅行途中，天气一直不错，但在回程途经新罕布什尔州时，风像蓄谋已久似的从四面八方吹来。晚上我们刚要躺下休息，风就咆哮着袭击我们。帐篷的门被吹坏，我们只能裹紧毛毯以保持体温；支撑帐篷的杆子劈啪作响，不久被折断；可怜的齐格琳德因惊吓而凄惨地嚎叫。我们担心，等不到天亮狂风就会把人和帐篷一起吹进温尼佩绍基湖里。于是，我们爬起来，飞速地把衣服、齐格琳德和其他东西一股脑地塞进车里，哈利加大油门顺风飞驰，带我们逃离了惊魂之地。

狂风吼叫着，毫不留情地追逐我们。车子一直开到马萨诸塞州一个安静的地方，才把它甩掉。在那里稍事休整，我们就起来准备早饭。恩师为了安慰受到惊吓的齐格琳德，用熏肉、鸡蛋和黄油面包给它当早点。整个白天我们都躺在帐篷里没有活动，整个夜晚也平安无事。

在入睡之前，我把手伸到帐篷底下轻触草地，感觉到青草沙沙作响，感觉到寂静中昆虫在爬行或飞行时奏出的微弱音乐。我默默地和这段令人兴奋但几近流浪的日子道别。

恩师说，虽然马上就要回家，但她并未觉得遗憾。我将永远记住这段被精神火花点亮的岁月，因为它给我的生命注入了激情和希望。

## 新的征程

这次旅行使我们受益匪浅，为以后的奋斗岁月储备了能量。美国盲人基金会，这个所有乐于助盲的有识之士渴望的盲人信息交流中心，于1921年正式成立。基金会第一次联系我们时，我和恩师还在随马戏团演出。由于当时不能违约，直到1923年我才在纽约附近召开的各种会议上发言。我独立演讲和在剧团表演的经验，为我更好地服务残疾人事业提供了有力支持，然而用一句话概括就是"前途是光明的，道路是曲折的"。我承认自己当时对这项事业的前景持保留态度，恩师也是如此。

当我们在马萨诸塞州议会为成年盲人争取职员培训机会时，我们还是有抱负、有理想的年轻女子。当时我满腔热血，认为所有肢体健全的盲人都应回归社会温暖的怀抱，在各个岗位上贡献自己的力量。然而恩师却没有如此乐观，她预见到这将是个进展缓慢的过程。因为当时没有专门机构来教育公众，让他们了解盲人的生活疾苦和需求，而教育又是唯一能够为盲人争取社会援助的有效途径。

一个令人悲哀的事实是，心怀抱负的盲人数量虽然较过去有所增加，但是仍然不能用"多"来形容。他们在数量有限的几个行业里从事可有可无的工作，收入微薄，而且几乎没有可能和视力健全的人在相同的岗位就业。我毕生的梦想是希望盲人世界多一些光亮，而且我一直在这个理想的指引下艰难探索。我并不奢望在我有生之年能够看到盲人世界这片沙漠会变成光明、灿烂、鲜花盛开的生命绿洲。

美国盲人基金会的成立，在某种意义上对我们来说是一缕曙光。和以前的许多经历一样，这条路也是崎岖不平的，行路人需要运用所有的智慧、体力和耐力才能坚持下去。

　　生命中有许多突如其来的、稀奇古怪的变化，将原来的节奏完全打乱，需要我们坚决果断地去应对。这时我们必须迅速地凝聚自己所有的能力、调整自己的心态、改善周围的人际关系，并变换自己的生活方式。恩师的一生就经历无数次这样的变化和调整，尤其是在她参加基金会的活动后，角色变化更加频繁。

　　假如当初可以自由选择自己的命运，恩师应该不会将视野局限于盲人事业。因为她觉得自己在盲人事业方面还能有所作为，她才以自己的聪明智慧和仁慈心肠加入到这一奋斗行列中来。我并不是因为自己是盲人才想为他们做些事情，也不是因为看到有人受难，善心萌动，而是因为盲人和我一样都有一颗仁爱之心。他们的心是明亮的，在这方面我和他们一样。盲人与健全人一起生活在这个世界上，上帝赋予他们平等权利，让他们用自己的能量，在别人的帮助下，实现自己的人生价值。我认为，我的一生就应该如此度过，用自己的热情为残疾人、穷人或受压迫的人努力工作。

## 恩师的主张

在基金会工作的头几年，恩师展现出她人格中崭新的一面。我发现工作人员经常向她咨询一些问题，她的评论、分析和敏锐的理解力对许多政策产生显著影响。有一位来自马萨诸塞州的工作人员非常敬业，在成年盲人问题上认识也比较先进，这个人曾激动地将恩师比喻成盲人夜空中的启明星。恩师认为，解决盲人问题的关键在于让盲人自己学会生活。"看见"这个词对先天失明的人而言毫无意义，除非在完全丧失视力之前，他们曾经看到过这个世界。盲人必须利用其他可以使用的感官，如触觉，去认识健全人眼中的世界。在我年幼时，恩师并没有直接向我描述那些有形物体，而是将它们放在我手上，同时拼写出名字，这样我认识了狗、猫、鸡、鸽子、书、手表、望远镜等健全人眼中的物体。恩师还将我的手放在她的脸上，体会不断变化的表情。正是通过这样的方式，恩师让我触摸到的物体自然地呈现在我面前。

恩师最早认识到，怜悯是危害盲人发展的绊脚石。在怜悯心驱使下，人们为盲童建造校舍，但它们实际上是"收容所"，而不是"学校"。这种态度使原本善意的行为失去温馨。为不幸者垂泪、为人类无法抗拒的命运而感伤或许是诗意的，但这不是上帝期待的。他期待我们能够具有超越脆弱躯壳的顽强意志。对于一些身体上有严重缺陷的人而言，如果世人不把他们当做普通人看待，不鼓励他们去塑造自己的生命，他们永远不会知道自己的潜在力量。正因为如此，一些乐于帮助盲人的朋友向恩师寻求意见和建议。

恩师认为，教育就是教育，而不是对任何人群的施舍，即使对弱智的人同样如此。正如我在其他地方提到的一样，恩师从不认为我是有缺陷的。在她眼里，我是生活的小小探险家。她很少宠我，也不常表扬我，除非我所做的和同龄的健全孩子一样出类拔萃。恩师教我如何探索，如果我不小心踩到洗衣篮、不留神撞了头或者在摘黑莓或玫瑰的时候划破了手，她不会像有些父母那样大惊小怪，因为她明白只有这样我才能学会如何保护自己免受伤害，甚至还可能学会蔑视这些自然界的不利因素。那些坚忍不拔、善于思考的盲人如果有机会亲身体验，都能够发现自力更生的生活原则，也能够证明这一原则对获取人生乐趣大有裨益。

这样的故事在日常生活中不胜枚举，有些甚至颇具英雄色彩。而我要讲述的是恩师的故事，其中的乐趣就在于我生平第一次能够根据自己的理解，自由地描述她那复杂个性中某些鲜为人知的方面。

自最初手稿在火灾中付之一炬后，有很长一段时间我觉得自己的能量也因此被消耗殆尽，再也无法振作起来。然而有一天，我意识到那本因葬身火海让我悲痛欲绝的手稿存在的其实并不是我真正想要描述的恩师，因为那本手稿是在恩师的严格监督下完成的，并没有完全表达我的思想。

在描述她早年遭受磨难和疾病时，恩师给我很少的自由；她从来不让我提及她所遭受的冷漠甚至不公正待遇。我对她的爱依然没变，但是这次我可以自由地表达思想，抒发感情，为读者还原一个更为真实的恩师形象。在我脑海中，恩师的音容笑貌依然清晰。她用自己的仁慈培养了我的爱心，现在已经完成凡间使命，正在天堂享受快乐时光，而且每到关键时刻，她都会向我微笑或者蹙眉以示鼓励或警告。

1915年，美国防盲协会成立。此前，除了美国盲人出版社一家全国性机构，美国没有专门的机构协调全国的盲人工作，我写文章时，只有哈利·贝斯特博士[①]的论文《盲人、盲人生活现状和正在开展的盲人工作》能真正为我提供一些有用的信息。恩师如何读取这篇论文的我不得而知,但是我知道以她渊博的知识、敏锐的直觉和惊人的辨别能力,她并不需要将这篇论文从头读到尾。

当时美国已经有一些私人机构在为盲人服务,比如纽约市卢夫斯·格雷夫斯·马瑟夫人创建的"光明之家"。我在马瑟夫人出嫁前就认识她,那时她还是温尼弗雷德·霍尔特小姐。但是放眼当时的美国社会,为盲人创设的讲习班和社团还非常少,分布也比较零散;各地的盲校也大多闭门造车,缺乏交流;各地的助盲义工都不了解其他地区同行的工作。因此人们大量的时间、金钱和善意都浪费在缺乏统一组织的努力上。当时有些州已经颁布并实施法律来保护新生儿和幼儿的眼睛不受疾病侵害,但是从整体上来说,我们面向盲人的工作举步维艰。

在广大盲人朋友的真诚呼吁下,美国盲人基金会成立。如果不是对人类智慧和合作精神充满坚定信

---

[①]哈利·贝斯特(Harry Best),美国学者,主要研究领域为盲人、聋人生活现状,1954年被授予米格勒奖章。

心，我一定会非常惊讶这一切竟然发生在第一次世界大战结束不久的动荡日子里。恩师对基金会的成立非常重视，她认为这是伟大事业的开端。它的象征意义在于可能会给盲人的命运带来变化，甚至使他们成为和健全人一样有益于社会的人。

恩师的想法是这样的：既然经过特殊处理的镭可以在黑暗中自动发光，同样，为残疾人服务的信念也可以为盲人带来光明，使他们在力所能及的范围内实现自己的理想。盲人需要这种信念，并不是因为他们残疾，而是因为他们作为人类的一员同样有权利接受教育和培训，并且能够胜任工作，过上幸福快乐的生活。看到美好的生活前景，他们会努力摆脱"痛苦生灵"的困境，抛弃尘世的落寞寡欢，重拾上帝儿女应有的荣耀和尊严。

1923年，我们正式开始从事基金会的工作，但那时我们面临的工作就像一团乱麻。尽管大家都明白，在教育教学中，语言文字的统一在读写课程中至关重要，但是在当时的盲人读写教学中，却存在5种不同的凸点文字系统。不同体系的追随者之间争论激烈，互不妥协，好像只有自己的系统才是盲人唯一的救赎方案。我和恩师听着他们喋喋不休的舌战，直到筋疲力尽。我们努力劝说他们顾全大局，草拟一份盲人工作临时协议，但是无济于事。鉴于这种派别意识根深蒂固的情况，我们在公开会议上尽量避开这个话题。

从某种意义上说，恩师和我从事的工作反映了数代人的理想和努力。从另一种意义上讲，恩师是开辟盲聋人文化教育的先驱者之一。我必须时刻把她当做一颗大力仙丹，能够在通向未来的漫长旅程中给我源源不断的力量。

## 并肩战斗

加入基金会于我们而言等于进入一个崭新的世界。事实上，此前我们已经习惯独立自主地工作，比如回信解答成年盲人在哪里可以接受培训，在哪里可以找到工作机会；解答那些盲童父母满足孩子需求方面的困惑；呼吁社会行动起来预防失明。我曾寄信鼓励那些在大学里奋斗的盲生，把我在拉德克利夫学院读过的盲文书赠送给他们，给他们提供盲文图书馆的信息。当我和恩师投身基金会工作以后，情况已大不相同，这个机构正缓慢地走出纷争，趋于统一。

像以前一样，我们又开始走南闯北，横穿整个北美大陆。每到一个城市，我们会逗留一两天，召开会议向公众解释基金会的目标。在会议上，一般先请当地的牧师对慈善事业进行祷告；然后一两名杰出市民就美国的盲人事业呼吁听众慷慨地行动起来；接下来基金会的工作人员简要介绍这个全国性计划；最后由我出场向观众描述盲人的世界是何种模样，并动员他们尽其所能帮助智能健全的盲人参加培训并实现就业。我们的团队中还有一位盲人音乐家，在大家捐款期间演奏音乐。

我们每到一处，都会被当地人自发的踊跃捐款的场景所感动；为当地报纸和杂志很清楚地传达我的信息，而且没用怜悯的口吻而感动。让我感动的还有那些在各个领域颇具影响力的大人物。我曾亲自寄信感谢的慷慨解囊者，还有那些本可以把捐款花在个人身上的学龄儿童。最初，我们一直致力于为基金会筹集善款，绝大部分款项来源于好心人的小额捐赠，我明白他们的爱心才是这个国家真正的财富。

那些艰辛的岁月至今难忘。虽然我和恩师竭尽全力帮助盲人摆脱乞讨的困境，但是我们对自己不得不像托钵僧那样沿街化缘感到屈辱。尽管我们的行为备受赞誉，尽管我们是在从事冠冕堂皇的慈善事业，但是盲人多年来一直饱受鄙夷的事实却没有改观,这一切郁积在恩师心头,犹如一座待爆的火山。

我并不是说美国人民蓄意将盲人放逐到苦难和屈辱的角落,只是将他们作为施舍对象的习惯根深蒂固。虽然基金会握有大量的证据材料,但还是不能说服雇主给盲人一份工作,即便是那些受过良好培训且能够和健全人一样胜任工作的盲人也没有机会。在芝加哥那样的城市,连天赋极高的盲人音乐家也很难保住一份稳定的工作,因为老板认为观众会由于对盲人太过怜悯而不能很好地欣赏表演。虽然我们一直不懈地为消除误会和偏见而斗争,但是在这个国家的大多数地方,他们还是与健全人的美好生活无缘。

那些年,我们身边不乏英勇的战士与我们并肩作战,恩师就是其中非常独特的一位。她将自己惊人的能量投放到为权益而战的斗争中。如果斗争胜利,作为一名盲人我将会享受她的战果。我清晰地感到她体内有一种神秘的力量在驱使着她,于是问她:"你对盲人群体其实并不感兴趣,为什么还为我的事这么较真儿?"

她不耐烦地岔开话题:"你总是喜欢想象,我们还是进行语音训练吧。"

但是从后来发生的事情判断，恩师之所以对我成长路上的敌人毫不手软，是因为她心中的愤怒。她憎恨使人失明、失聪、精神错乱、病患缠身的贫穷。在给一位忠实工友的信中，我这样写道："安妮登上城堡瞭望是否有骑士来救赎我们，却神情沮丧地拾阶而下，说连救兵的影子也没有看到。"

尽管如此，绝大多数时候恩师的信念就像燃烧的灌木丛，再大的风也不能将其吹灭。

恩师很喜欢加利福尼亚，在那里每当我们得闲时，她就会带我们乘车去蒙特雷、德尔蒙特或者圣芭芭拉。经过一路的陶醉之后，我们会选一处风景怡人的山间或海边野炊。

野餐时，恩师会大声宣布："我不想在这儿长期定居的唯一原因是这里实在太美了。在这儿我什么工作都无法完成，它使我心醉，使我不能得到救赎。"

仔细观察后，我发现恩师其实承受着巨大的苦楚。除了一直困扰她的眼疾和严重的支气管炎外，她有时还会失去嗅觉，这让她心里不能保持平静。

恩师预感到自己陪伴我的日子不多了，于是计划让波莉来接替她的工作。波莉非常勤奋，夜夜在幕后听我们的谈话并学会用第三人称讲述恩师的故事。波莉知道什么问题该问,什么问题不该问,什么问题别人可能会问。我打心眼儿里认为没有人可以代替恩师的位置。但是恩师自己有信心,她认为波莉的正直可以维系我们彼此努力编织的情感纽带。当恩师的病发作时,波莉代替她陪伴我,大多数观众也很亲切地欢迎我们这对新组合。

# 第十四章　鼓励海伦进行文学创作

　　虽然视力每况愈下，但是她好像获得了不受视力干扰的预言能力。她简洁而清晰的语句，像利箭一样从我的弯弓射出，直指目标，我为她感到骄傲。

——海伦·凯勒

# 第十四章　鼓励海伦进行文学创作

## 督促海伦写作

1927年，已经很久没在公众场合露面的恩师对我说："你为何不暂停一年工作，把你的近况写一写，双日出版公司①约稿已经很长时间了。"

我大声说道："不可以这样，恩师。要写也得写您的传记，我已经积攒了很多您的故事，不把它们写出来，我会非常失望。"

"哦，海伦，不要一副痛苦不堪的样子。你写自己不就是在写我吗？"

我不假思索地脱口而出："说我的一生就是您的一生没有问题，而且我会感激不尽。但是您和我是两个不同的个体，所有人的权利都应该得到尊重，这是我的信仰，我当然不会牺牲您保持个性的权利！"

她缄默不语。随后，我们讨论我的后半生怎么度过，因为没有理出任何头绪，只好作罢。

后来，一位新教会的牧师请我写一篇关于伊曼纽尔·斯维登堡的文章，讲述他宣传的教义对我的影

---

①双日出版公司（Doubleday），美国出版公司，成立于1897年，曾帮助海伦·凯勒出版了《我的老师安妮·莎莉文》等书籍，长期指派内拉·布拉迪·亨尼帮助海伦和安妮写作。

响。这是一个机会，我可以摆脱那些老生常谈的写作话题，还可以在爱的神坛上再添一条信仰。这信仰是力量和快乐的源泉，是一切行为的准则，使我在精神上能够超然于世俗物欲的诱惑。

欢欣之余，我想起恩师曾经给我读过的一首诗，诗的大意是我们有选择信仰的自由。

> 在起风的下午，
> 我们挣脱所有束缚，
> 优雅地站起，
> 迎着风骄傲地离去。

在那段日子里，我欣然接受了斯维登堡的教义，沉浸在他对《圣经》的解读中，自己变得无比虔诚、无所畏惧，像旭日、白云、大海一样自由自在，无拘无束。因为恩师没有宗教信仰，我也不期望从她那里得到这方面的帮助。但是当她设身处地为我着想，尽力理解宗教信仰对我的重要意义，并且用手指为我拼写关于这位瑞典预言家和他关于新教的长篇论文时，我激动得差点儿哭出声来。

恩师还给我解读斯维登堡的作品如何影响了伊丽

莎白·巴雷特·勃朗宁①、威廉·迪恩·豪威尔斯②，还有威廉·詹姆斯和亨利·詹姆斯的父亲老詹姆斯③等作家。当时我已经阅读了盲文版的《代表人物》，在这本书中爱默生也提到了斯维登堡。

一天，我发现恩师在重读威廉·詹姆斯的《与教师的谈话》。约翰·梅西先生曾经抑扬顿挫地为她朗读过此书。想到她不断衰退的视力，我的心像被针扎似的疼。如果在平时，我肯定会阻止她继续读下去，但是考虑到她和这本书的渊源，我没有这么做。

当我完成《我的信仰》一书时，恩师像哄小孩似的对我说："你一直说我们是两个不同的个体，为了你我放弃了自己的个性。现在让我们交换一下角色，

---

①伊丽莎白·巴雷特·勃朗宁（Elizabeth Barrett Browning，1806～1861），即勃朗宁夫人，维多利亚时期著名女诗人，主张社会平等。

②威廉·迪恩·豪威尔斯（William Dean Howells，1837～1920），美国现实主义小说家，代表作品《塞拉斯·拉帕姆的发迹》（1885）。

③亨利·詹姆斯（Henry James，1843～1916），美国作家，常年旅居欧洲，后加入英国国籍。代表作有《贵妇的肖像》等。其兄威廉·詹姆斯（William James，1842～1910）是美国本土第一位哲学家和心理学家，也是教育学家，实用主义的倡导者，美国机能主义心理学派创始人之一，以及美国最早的实验心理学家之一。其父老亨利·詹姆斯（1811～1882），美国神学家，斯维登堡主义者。

你站在我的位置上写一写这二十多年来我们一起做过的工作，不能记流水账，必须写我们是如何帮助盲人实现自身解放的。"就这样，恩师巧妙地把一件我原本惧怕和讨厌的任务，转变成了我喜欢做的工作。

然而，当我在《中流》这本书中写到有关恩师的一章时，恩师强迫我很不自然地克制自己的写作欲望，不允许我提到她卑微的出身、她曾经寄居的救济院、她所经历的痛苦和失望。实际上，这令我感到耻辱，好像我对上帝撒了谎。说实话，我爱的是恩师本人，而不是我在她身上的影子。

## 失明前夕

1927年到1930年的这几年我非常忙碌，但是我并未感到困惑。我一直忙于自己的文学创作、回复堆积如山的信件和享受为恩师读书的喜悦。除此之外，还在屋内屋外、房前房后从事一些活动，也算是对久坐打字机前忙于案头写作的一种调剂。

得知恩师将要完全失明时，我难以抑制内心的悲伤。没有特制眼镜的辅助，仅凭肉眼和普通眼镜，她几乎无法读书。那段日子，纽约的康拉德·贝伦斯医生对她悉心照料。以前贝伦斯医生经常在傍晚来看望我们，所以也算老相识。他嘱咐恩师要经常滴眼药水，还要带双透镜式伸缩眼镜。由于眼镜实在太重，稍微读一会儿书，她就会感到眩晕难受，实在没有办法坚持。严重时，甚至连白色的桌布、没有灯罩的烛光或者灯光，都会刺痛她的眼球。

波莉去苏格兰探亲期间，经我反复哀求，她没有坚持读书，但她设法为我们做饭。她尽量不去看火炉，用手感知面包有没有烤好，用耳朵聆听咖啡有没有煮好。吃早餐的时候，老朋友齐格琳德会坐到我们中间，用它天鹅绒般的鼻子在我们手上蹭来蹭去，要和我们分享美味。

吃饭的时候，如果那狗没有偷吃几口或眼巴巴地看着主人乞食，恩师总觉得少点儿什么，更何况齐格琳德又是世间最招人喜爱的宠物。它从小就跟我们在一起，恩师对它很温柔也很疼爱，她们的关系就像《圣经》里的那个穷人和他的小母羊一样。

齐格琳德很有灵性，似乎能读懂恩师的心情。如果哪个访客令恩师厌烦，它能感觉到，然后慢慢地靠近那个人努力把他赶走。齐格琳德体型比较高大，像一匹喜乐蒂小型马。关于它，我有很多温馨回忆。记得一个下午，我发现它将前爪搭在恩师的肩上，正在舔她的脸，而且温柔地将自己松软的耳朵在恩师眼睛上磨蹭，好像它知道恩师眼神儿不好似的。

除了对齐格琳德的真情厚爱，我还有一种微妙的感觉，仿佛伊丽莎白·巴雷特·勃朗宁的诗歌《致弗拉什——我的爱犬》①中关于狗的描写都活灵活现地浮现在我面前。但是，唉！这个天使偶尔也会偷嘴。一天，我们将一锅美味的意式馄饨放在厨房的桌子上，在恩师和杂货商说话的时候，齐格琳德悄悄地凑到桌边，还没等我们反应过来就把一锅馄饨全吃光了。它竟然没有撑着，这着实令我惊讶。

在此期间，恩师出于善心，雇用一位盲人打理家务。那是位非常和蔼体贴的盲人妇女，后来到佛蒙特州为盲人机构工作。当时她在我们家的主要工作是为内拉·亨尼的书誊写注释。这只是我们欢迎盲人和聋人到森林岗住所做客的例子之一。我在赖特—赫马森聋人学校的一些同学住得不远，恩师会在我居家的间歇，时不时请他们来参加我的生日聚会或者其他社交活动。每次回想起我们用手指快乐地交谈的日子，喜

---

①勃朗宁夫人写给她的爱犬的诗歌，弗拉什是一只西班牙长耳猎犬，诗人生病期间朋友所赠，与诗人相伴生活长达13年之久，在某种意义上既是精神寄托，也是许多诗歌的灵感。

悦就溢满我心田。

那时一位年轻活泼、听力较弱但很有诗歌天赋的加拿大姑娘和我们住了很长一段时间，直到后来在城里找到工作才离开。伊丽莎白·加勒特①也经常来看望我们。她是大西部最后一任也是最伟大的一任地方治安长官的女儿，当时正在跟纽约著名的声乐老师学习。我喜欢她那张虽失明却依然生动的脸庞，她浑身洋溢的快乐和一大堆好玩儿的故事。这些故事让恩师听了很开心。伊丽莎白曾经很勇敢地独自一人边唱边逛地走遍整个美国，因此我们为她感到骄傲。后来，她在新墨西哥州成为一名被当地人广为赞美的音乐家，我们的骄傲之情就更不用说了。

恩师通过各种方式使家里的气氛保持活泼欢快，借此暂时忘却难逃失明的厄运。她督促我努力成为上帝的一名使节，寻找全新的生活，为他人创建可以发挥才能的空间，不要因为她的眼疾徒劳地悲伤。在她的鼓励下，我的信念比以往任何时候都更加坚定。正如约翰逊博士②曾经断言的那样，勇气是人类最伟大的美德，假

---

①伊丽莎白·加勒特（Elizabeth Garret，1885～?），美国盲人音乐家、新墨西哥州州歌创作者，有"西南歌喉"的美誉。

②塞谬尔·约翰逊（Samuel Johnson，1709～1784），英国作家、文学评论家、词典编撰者。

如一个人失去这种美德，他不可能保全其他美德。

话虽如此，但一想到恩师是因为用眼过度而导致过早失明，我便无法释怀。贝伦斯医生经过深思熟虑为恩师制订了一套治疗方案。我知道他曾眼含泪水恳求恩师配合治疗，尤其要多注意休息。但是，不论是医生，我，还是其他任何人都不能说服她。她总是把脸埋在书里阅读，有一次，我确实摸到她这样艰难地读书。读书名副其实地成了她的生命，也成为她为我承受磨难的殉道之路。

在每天收到的邮件中，恩师会挑出比较重要的读给我听，然后由我来回复。她再把其余的信件放进柜子和抽屉里。等波莉从国外回来后，再把它们找出来重新分拣。我想，波莉不在家的时候，我们的电话和门铃肯定响个不停，简直吵翻天。因为我听不见，恩师则和贝尔博士一样，即使听到也拒绝应答。

## 忠实的读者

恩师生病前一直坚持读书，后来因为病情发作太频繁，只能卧榻休息。当时，我已经完成《我的信仰》一书的初稿。恩师勉强听从贝伦斯医生的忠告，稍事休整，就急匆匆地读我的稿子，同时在我的手心

## 第十四章　鼓励海伦进行文学创作

拼写书稿的内容。

写作时，我经常被一些事情打断，思绪就像电流突然被切断一样，因此初稿完成后我自己都不晓得写了些什么。有时某个字太唐突，恩师戴着可伸缩的眼镜都看不明白，但是她还是反复端详，丝毫不为自己的眼睛考虑，这使她显得很孩子气。她似乎忘记了一点，如果一个人能恰当使用自己的各种官能，就可以帮助别人开发相应官能。正如弗雷德里克·蒂尔尼博士[①]所说，恩师用聪明有效的方法把我的思想从无知中解放出来。由于她的视力越来越糟糕，我们陷入困境，被一种可怕的忧郁感笼罩着。

幸运的是，我们的朋友F·N·道布尔迪[②]先生慷慨地站出来帮助我们。当他了解到我们的情况后，委托内拉·布拉迪来照顾我们。内拉就是我和恩师的眼睛，从我们认识她的那天起直到现在，内拉与我们的珍贵友谊一直是我们的福祉。

---

[①] 弗雷德里克·蒂尔尼（Frederic Tilney，1876~1938），美国著名神经科医生。
[②] 弗兰克·尼尔森·道布尔迪（Frank Nelson Doubleday，1862~1934），美国出版商、作家，1897年与人合作成立双日出版公司。

当恩师意识到阅读的乐趣于她而言已渐行渐远时，性格似乎温顺了许多。但是她依然无法抑制那颗无可救药的躁动的心，因此当有人邀请我们去马萨诸塞州科哈塞特旁边的小岛去消夏时，她毫不犹豫地满口答应了。

旅行中，内拉和我们一起度过了一段快乐时光。恩师这次之所以想换换环境，很可能是出于和豪斯曼在《转瞬即逝》中描述的相似情结。恩师喜欢追求完美，不管她在发现一个宝藏时多么欣喜若狂，心里还是渴望下一个。她常说："一切事物都会成为过眼云烟，不论我们身处何地，总会向往别处。"然后她会解释说："也许上帝允许我们这么做就是为了让我们更喜爱这个世界，以至于不愿意离开它去体验一个更完美、更可爱的世界。"

那是我最后一次见她为变化而高兴。恩师的言谈中洋溢着开香槟时的喜庆气息，笑起来整个身体都闪动着欢快的音符，这些变化我也感同身受。在岛上，恩师与我们一同散步，她喜欢岛上的阳光、空气和宁静。

齐格琳德已于一年前死去。它死的时候，恩师悲恸异常，在我的手心写道："失去一个饱含情感而不会说话的生灵比失去一个孩子还让人难过。"当然那是她一时难受说出的话。后来她宣称，如果可能，她要和所有狗交朋友。她在德国收养了一只黑色小猎犬和一只大丹犬——汉斯。我们散步时，这两个新的家庭成员在岛上嬉戏，它们互相追逐着跑过白色的沙滩、坚硬的岩石，还有那温柔的细浪。在恩师一生中，狗是她生命的慰藉，不论它们来自哪个国家，属于哪个品种，只要它们能用舌头、爪子或摇动的尾巴表达爱意，她会以超乎想象的洞察力去发现这些狗的高贵或残暴特性，并乐此不疲。

在一个风雨交加的夜晚，巨浪不停地冲向屋子的水泥墙，我们在屋里互相依偎着缩成一团，墙外就是吐着泡沫的大海，两只狗在狂吠。但是我们却感到非常庆幸，因为内拉已经看完《中流》最后一批长条校样，恩师也给我拼完了最后几页书稿内容。

## 思想与情感的交融

《中流》的写作完成后，我和恩师终于可以像以前一样找些时间谈心，交流各自的想法。基金会工作一旦开始，这种机会就很少了。在《中流》这本书中，我就一些经济、社会和政治问题自由地发表了看法。恩师说通过现实生活经验，她也得出同样看法，真可谓殊途同归。

"海伦，你看，你的观点是，在一个完美的世界里根本不存在失明和失聪一说，所以你认为人类的任何经验都是可以理解的。当然你也无须抛弃那些自己选择并已经接受的思想和理想。尽管作为一名盲人作家和为盲人事业摇旗呐喊的斗士，你不能过多提及我的早年生活，如果迫不得已，也应当一笔带过。但是你和我一样敏感，都对贫穷、疾病以及没有尊严的生活有深刻的认识。我一度非常郁闷，因为曾亲眼目睹贫穷如何将人打垮，使他们深陷各种困境，但是我从不认为有人要故意伤害别人。我相信没有人预料到工业社会会变得如此恐怖，其残酷剥削的本性令人发指，不仅雇主、地主、金融大亨没有预料到，就连那些辛勤劳作、深陷经济高速发展和机械化生产双重压榨的劳动人民也没有预料到。"

恩师虽然这么说，但是她始终不能容忍促使瓦切尔·林赛[①]写出《呆滞的目光》的恶劣社会现状。因

---

[①] 尼古拉斯·瓦切尔·林赛（Nicholas Vachel Lindsay，1879~1931），美国诗人，主张"诗能吟唱"。《呆滞的目光》是短诗，描述了穷人的悲惨境遇。

为那是对文学、音乐、绘画、雕塑和她所尊崇的精神生活的扼杀。因此每当我向有钱有势的人筹集资金时,恩师都会心存芥蒂。

她还说:"只要我们当中还有人坚信世间的动荡、仇恨、欺诈、利益冲突、偏见和强权统治并非不可避免,人类就还有存活的希望。"

1928年和1929年冬天,繁重的工作似洪水般涌来,诸如为学龄前盲童养成正确习惯筹集培训资金,给大学盲生准备奖学金,恳求国会增加年度拨款来丰富盲人文学读物等一系列工作,快要将我吞噬。

波莉陪我去参加会议,恩师则帮我润色演讲稿。她非常善于用简单的词汇表达新意。经她的妙笔点睛,许多词汇绽放出更加璀璨的光芒。更加非同寻常的是,恩师能够揣摩出那些双眸失明却内心明亮的盲人的感受。虽然视力每况愈下,但是她好像获得了不受视力干扰的预言能力。她简洁而清晰的语句,像利箭一样从我的弯弓射出,直指目标,我为她感到骄傲。

1929年的夏天,贝伦斯医生为恩师的右眼做了手术。后来,我和波莉发现阿迪朗达克山脉的长湖上有一栋小屋可以用来度假。那是一个快乐的地方,在那里我可以沿着一条狭窄的路走到湖的岸边，然后借助一条绳子在水里游泳。当时恩师已经不能和我一起游泳、一起漫步杉树林了，她的身体已大不如从前，我们要时刻提防她偷偷看书。

旅行期间，我想做的事情格外多，因为难得有闲暇时间，恩师不忍破坏我的兴致。在那段时间里，我可以游泳；可以感受通往水边小径上蜂鸟的振翅；还可以听别人讲述狗是如何让豪猪不得安宁，最后被扎得满嘴是刺，受到了应有的惩罚。当她听到一只大熊爬上小屋旁的苹果树，大口嚼着苹果时，她和我一样兴奋。

当天空没有刺眼的阳光，恩师会和我们一起乘坐汽艇在湖里漂流或者到湖的对岸去。当她不停地感慨我们周边可爱的事物时，我们觉得她的活力又回来了。

# 第十五章　为海伦缔造生命奇迹

　　我从不认为我比其他教师更有资格获得较多赞扬,那些老师也都为他们的学生付出了自己的所有精力。如果他们没有能够从牢笼中解放任何天使,那么,毫无疑问,这个世界上已经没有需要解放的天使了。

——安妮·莎莉文·梅西

1930年的春夏两季给恩师和我的生活增添了丰富的色彩。我并不是说我们的生活与以前相比有多大变化,而是说在这段时间里,我们走访过许多拥有不同历史和文化的国家,呼吸了别样的空气,兴致勃勃地感受了各地奇趣横生的动植物环境。如果想让恩师的左眼得到真正的休息,出国旅行势在必行。我以此为由,向基金会请了长假。

我们从纽约港出发时,风和日丽。恩师沐浴在阳光之中,显得非常高兴。我们根本不知道应该栖身何处,她却毫无心思关心这些。可是不久,一场海上风暴袭击了我们的轮船,使轮船在风雨中剧烈颠簸。随着轮船的晃动,船舱里的桌椅和床撞来撞去,水果篮子也翻了,苹果和橘子噼里啪啦掉得到处都是。波莉也跟着踉跄,终因站立不稳而摔倒在地。但是,恩师并没有晕船,睡了几个小时以后,就跟什么事也没发生一样,和我们一起分享船上发生的令人开心的事儿。

## 走访文学圣地

当船航行到兰兹角附近的蜥蜴岛时,我们都非常激动——这儿被誉为大不列颠的舌头、眼睛和耳朵。

船到普利茅斯时，我们收到波莉姐姐的来信，说她在康沃尔郡的卢港已经安排好舒适而幽静的栖身之所。前往卢港时，天气非常好。当我们乘车穿越普利茅斯时，我的心跳开始加速，原来这里就是我们先辈在前往新大陆之前的祖居之地。

普利茅斯大街小巷挤满装着各种水仙花的小车子，到处都是象征威尔士民族的黄水仙和其他各色春天盛开的花朵。眼前的景色让恩师高兴得几乎有些"疯癫"。结果她买了很多花，直到我们乘坐的汽车装不下才作罢。沿途有一条小溪流与我们一路并行，路两边到处都是盛开的紫罗兰，我们简直就像沐浴在蓝色的海洋里。最后，我们在依山修建的一座平房前停下来，房前屋后云集着成群的海鸥。它们清脆如银铃般的歌喉和美国海鸥大不相同，令恩师非常着迷。

我们在卢港度过两个月的快乐时光。恩师的身体已经慢慢好转，她恢复了往日的快乐。如果天气晴朗，她会和我一起去散步，沿着房前那条小路径直走有一个牧场，那里到处都是羊。我们会在羊群中间席地而坐，其间还有几只羊凑过来，嗅一嗅我的蓝色外套，仿佛以为衣服也可以成为美餐。

恩师让波莉为她朗读有关康沃尔郡的所有诗歌和

传奇故事，然后再用手语转述给我。这种感觉让我似乎回到了童年。她激动地为我描述这如画般美妙的景象——老式客栈里，客人熙来攘往；渔村房舍前后相接，一直延伸到水边，与其说是街道，还不如说是步行的踏板把这些房舍相互隔开；古老的酒馆招揽着生意；石砌的教堂向人们展示其悠久的历史；崎岖的海岸边凉风习习。有时，我们会穿过那些正被赶去剪羊毛的羊群，羊儿挤过身边时，恩师和我都能感受到它们温暖厚实的羊毛，这种感觉实在太奇妙了。

我们驱车在长满蓝铃花和桂足香的乡间道路一开就是几个小时，恩师心情愉快，绽放着太阳般的笑脸。一路上花香扑鼻，篱笆墙和花园的墙上匍匐着各种各样的花，它们滴着雨露，沐浴着阳光，呼吸着新鲜空气，在风中摇曳，婀娜多姿。有时，我们还会停下来，下车去欣赏，这样我就可以摸到那些小茅草屋。

我们继续前行。恩师一路上认真聆听亚瑟王的故事，还有他那个同父异母的大姐摩根女巫的传说。她还打听亚瑟王神剑沉入的湖泊，以及康沃尔郡那个妇孺皆知的老滑头的种种劣迹和恶作剧。她的认真劲儿仿佛回到幼年时期，似乎是当年那个小女孩儿在倾听有关爱尔兰骑士的故事和底层劳动人民的辛酸生活史。那些故事既有趣又古怪离奇,以至于她和我都想让美国的盲人朋友一起分享。因此,她忍受病痛,为我讲述她听到的所有内容。之后,我用借来的打字机匆忙地赶出稿子,发给《齐格勒盲人杂志》。

我们还驾车参观了幽静的德文郡。一路上,苹果树上盛开的花朵在春风中摇曳。一眼望去,到处是嫩绿的草坪、林荫小路、牧场,还有山丘,鸟儿像管弦乐队一样在快乐地演奏。有一次,我们去了埃格敦荒野的一个村庄,那是托马斯·哈代①的故乡。走进他的故居,首先映入眼帘的是那攀爬在窗户上的玫瑰花。他的小屋既简陋又清静,当年他就是在这里隐居写作。走近他的墓地,我们可以感受到,他那颗曾经为受苦百姓悸动的心终于安息了。

## 探访恩师故里

这一年6月,恩师、波莉和我一起去了爱尔兰的沃特福德市。我们搭乘的货船有一个很有诗意的名

---

①托马斯·哈代(Thomas Hardy,1840~1928),英国著名小说家、诗人,主要作品包括《远离尘嚣》、《还乡》、《卡斯特桥市长》、《德伯家的苔丝》和《无名的裘德》。

字，叫"巴黎棉花"。我至今都能愉快地回忆起当时与船上水手的交往，其中一个船员对随行小动物那种无微不至的关爱让人特别感动。恩师对他印象也很深，因为他不仅对英国政治有独到见解，还对世界各地的社会问题了如指掌。

必须承认，我非常难过，尤其想到此行的目的——寻找恩师父母的踪迹。我已经通过之前阅读的书刊领略过这片土地上的诸多美景，对这个地方充满感激之情，因为她的女儿改变了我的人生，让我走出饥渴与困惑，获得幸福与快乐，帮我实现了许多梦想。但是恩师却不同，她为几个世纪以来困扰这片土地的令人绝望的贫穷而烦忧，这种郁闷心情也通过手语刻在我的心头。正如她后来描写的那样，她不愿去直面"女人身上破旧的黑色披肩、男人迟缓的脚步，还有那憔悴而瘦弱的驴，以及仿佛不愿看到这里的凄凉而胆怯地穿过爱尔兰上空的太阳"。恩师讨厌山坡上阴冷的岩石，讨厌人们挖取泥煤的沼泽地，讨厌克莱尔郡那令人伤感的一切。

恩师很温柔地为我讲述香农河的故事。"那是上帝流下的眼泪，"她说，"为爱尔兰人的不幸遭遇而流下的眼泪。"当她还是一个孩子时，这种想法就已占据她的心灵。

她忍不住对英格兰怨气冲天，而几天之前她还觉得英格兰那样令人陶醉。她的体内有一股力量要迸发，她感到很茫然，就像一支军队不知道和谁打仗也不知道为什么打仗一样。经过一番清晰理智地思考，她的爱心再次超越国界，与往常一样同情天下所有受压迫的民族。

恩师也清楚地知道爱尔兰的经济萧条从根本上来说与非洲、亚洲或者菲律宾的经济困顿没有什么实质差别，但是当时她的心却被人类的返祖本能搅得十分烦乱，失去理智，好像变了一个人似的。她说，不用告诉她这儿有多么不可理喻，因为她知道这一切，但是她依然无法自控，就像是个梦魇。与爱尔兰挥手告别后，我们又回到阳光明媚的英格兰。

命运实在是眷顾我，在我们返回森林岗之前，恩师还带我去感受了印度迷人的夏天。因为1931年4月我们要在纽约成立世界上第一个盲人工作理事会，印度之旅可以让我有机会为它筹集资金。

肩负着盲人厚重的期望，我们的日程安排得很紧。宣传活动一期接一期，我们体力有些不支，但是无论如何，这都是一次光荣而值得的冒险。为了盲人的进步与光明，我们又向前迈进了一步。

## 为恩师加冕

感谢上帝，1931年真是好事连连。在爱德华·牛顿[①]和其他几位教授的强烈建议下，位于波士顿的天普大学授予恩师文学博士学位。

我一直很感激牛顿先生，正是因为他的公正，恩师才有机会确立她在教育界的真正地位。贝尔博士曾经说，恩师是最伟大的教师，她不仅是聋哑人的引导者，而且是所有青少年的良师益友。1915年我们在洛杉矶博览会上认识的玛丽亚·蒙台梭利博士[②]由衷地赞扬恩师为教学法界的先驱。我很自豪地引用牛顿先生的话：

另外还有一个理由让我相信，您会接受天普大学授予的学位，因为它同时给予天普大学一个机会，向世人宣布他们鼓励这些罕

---

[①] 阿尔弗雷德·爱德华·牛顿（Alfred Edward Newton，1863～1940），美国作家、图书收藏家、出版商。

[②] 玛丽亚·蒙台梭利（Maria Montessori，1870～1952），意大利哲学家、教育家、人文主义学者。蒙台梭利教学法创始人。

见而难能可贵的成就，无论是在哪个领域都可以。特别是在接受这项荣誉时，被授予学位的人有可能无法给予天普任何回报。许多大学授予学位时希望获得同等价值的回报，但是天普大学并非出于此种目的才授予您学位。所以您没有任何理由谢绝这份荣誉。难道不是凯勒小姐和您的众多好友比您本人更有资格评价您所取得的成就吗？

在此，他并没有提及另外一条更有说服力的理由，其实天普大学的创立就是为了给劳动阶级的子女提供上学谋生的机会。恩师起初谢绝了天普的学位，在我看来，她的举动似乎有悖于那些曾经帮助她获得新生的人道主义精神，以及帮助她走出愚昧与黑暗的自我奋斗精神。

每一次在公众面前讲话时，她只提及其他老师的长处，从不炫耀自己的功劳。在我们后来被苏格兰教育学院授予院士荣誉时，她发表感言说："我从不认为我比其他教师更有资格获得较多赞扬，那些老师也都为他们的学生付出了自己的所有精力。如果他们没有能够从牢笼中解放任何天使，那么，毫无疑问，这个世界上已经没有需要解放的天使了。"

"我曾经目睹那些老师将自己的真诚与智慧奉献给那些几乎令人绝望的残障儿童。我也知道他们放弃更加令人愉快的工作,是为了全身心地投入到帮助残疾人的事业中来。我曾看见他们放弃家庭、未来和希望,他们心里所想的仅仅是为了帮助那些不可能有任何作为的残疾孩子。揣着基督徒一般的爱心与耐心,他们随时准备去救助那些被遗弃、智力低下,或者遭遇不幸的孩子。"

我曾经崇拜她伟大的人格,这至今仍是我的最爱。正是在她人格魅力的熏陶下,我才不断努力地修炼自己的品质,从而把人生的境界提升到更高层面。

## "平等教育"理念

现在,我要坦率地讲述有关恩师个性的话题,当然也包括我自己。帮助盲人恢复"视力"并且回归社会,在那个年代还是一个比较新鲜的事物,几乎没有人能够真正理解它的含义。自古以来,盲人就被区别对待,尽管有许多能力超常、智力非凡的杰出盲人也曾取得骄人成绩。例如,荷马和弥尔顿在黑暗中创作了许多令世人赞叹的诗歌;在罗马帝国最艰难的一段历史时期，一位伟大的盲人律师——阿庇乌斯·克劳狄乌斯·凯袭斯，起草了一个法令保护人们享有的权利，甚至包括保护奴隶的权利。历史上还有许多这样的盲人，他们的光辉事迹早已照亮周围的黑暗。然而，并不是因为他们是盲人才拥有如此超人的天赋。

大部分未受过教育的盲人就像待燃的木块和煤炭一样，等待着有效的方法来激发，然而那些看得见的人却常常缺乏行之有效的办法。他们只是捐钱，鼓励盲人学会并做好日常工作，从未想到要去开发他们与生俱来的、尚待开发的潜能。同样事情也发生在有其他残疾的残障人士身上，比如聋哑人和肢体残疾人。

恩师为那些束手无策者树立了光辉的榜样。她完全把我当做一个看得到、听得见的孩子，唯独与我交谈时，她会把文字拼写在我的手上。她不允许任何人怜悯我或过分地袒护我，因为这样会影响我的健康发展。除非事情做得非常完美，否则她不允许人们轻易表扬我。如果有人只是和她一个人交谈，而忽略了旁边的我，没有把我当成一个普通孩子，她会非常生气。她鼓励我的家人、朋友与我自由谈论一切事情，因为这样我的语言能力才会进步得更快。这的确需要勇气，在塔斯喀姆比亚只有妈妈和表姐雷拉·拉西特能够理解恩师的真正用意。

多年以后，每当想起那位几何老师，我都心存感激。有一次，因为我第 18 道题做得稍微慢了点儿，她十分生气，看得出来她是把我当成一个健全孩子来对待的。科普兰教授也是一样，当我把拉封丹①的作品翻译得十分糟糕时，他就会严厉地批评我。他们并没有把我和其他孩子区别对待。

当然，恩师也不一味地苛刻，会根据我的心理承受能力来评判我的成功与失败。当时她丝毫没有向我透露关于人们对盲人的错误认识，那也是我能够兴高采烈地把《我感知的神奇世界》写下去的原因。当时我还在嘲笑那些批评家，他们不相信我会使用一些词语，比如月亮和星星的"亮光"，声音（可触摸的）的"音调"，以及"颜色"和"景色"。根据类比和想象去猜字的意思，让我在文字游戏中得到了很多乐趣。恩师尽力为我制造机会，希望可以激发我的潜能，突破局限。我希望，我的读者能摒弃大众心理，对失明和失聪形成一个更为科学的看法。

---

①让·德·拉封丹（Jean de La Fontaine，1621~1695），法国诗人，他的寓言故事堪称世界一流。

## 第十五章 为海伦缔造生命奇迹

当大家不吝言辞地夸赞我所取得的成就时，我深感惭愧，因为我认为那不应该是我独得的荣誉。在我的命运中，没有那种天才式的胜利和成功。据说天才是指那些能够承受生命中巨大痛苦的人，而我认为我不具备这样的能力。我只不过在一些普通的工作中比别人更努力，原因当然是我的盲、聋、哑三重生理残障。

很幸运，恩师和我都很喜爱英语和文学。我经常向别人炫耀：在我学习语言的时候，她如何充当我的眼睛和耳朵；她如何鼓励我写作，给我宝贵建议，让我把写作和演讲发挥到极致，更好地为残疾人服务。

其实，人们仅凭健全人错误的心理模式来看待残疾人，所以产生很多误解。一个不争的事实就是，在我认识的人里面，几乎没有人认可恩师这样的做法——把我当做一个健全孩子对待，通过调动灵魂深处的潜能来弥补生理上的缺陷。其实只要愿意，任何人都能做到这一点。

恩师为我创造生命奇迹，因为她相信任何人身上都隐藏着巨大潜能。她怀着这样的信念，及时挽救了我的人生，就像老鹰捕获猎物，然后展翅翱翔一样；和老鹰不同的是，恩师带着上帝赐予她的战利品，忍受多年的寂寞，通过一系列创造性劳动，让我们的生命意义得到升华。

取得成就是一种荣耀，也是人生中最大的满足，但却需要以勇敢为代价。成就是对创造者的赏赐，是迷茫的人生向目标奋进的一部分。

恩师并没有刻意通过自己的生理缺陷去创造生命奇迹，而是通过自己的坚强意志和精神力量使生活变得更富有意义；她从不因为生理残疾而降低对我的要求，总是设法激发我的潜能以达到她的标准；她不能容忍那些捐助者对盲人或者其他残障人士的傲慢无礼，也不能接受那些缺乏真爱与信任的物质施舍与救济。总之，她不能容忍任何泯灭盲人意志、阻碍他们走向光明并重获新生的行为。她常常尽最大努力消除公众对残疾人士的伪善和怜悯，以一种乐观向上的态度直面他们对弱势人群的误解。

如果想成为萨福[①]，那就必须具备萨福的精神。

---

[①] 萨福（Sappho，约前630～约前592），古希腊著名的女抒情诗人，一生写过不少情诗。一般认为她出生于莱斯波斯岛（Lesbos）一贵族家庭。曾开设女子学堂。诗作传世不多，但是影响深远，也被认为是女子同性恋的鼻祖，她专心研究艺术的岛屿也成为女子同性恋的官方名称 Lesbians。

如果想和恩师一样，成为名副其实的"心灵之母"，那就必须具备积极向上的理想和孕育伟大灵魂的身躯。恩师的先驱精神是以高尚理想为前导的。她的梦想就是人类最终找到一种理智的方法来衡量残疾人和健全人的能力，那些世俗的固执和偏见最终被打破，新思想将加速春天的到来，教育界这个古老的花园最终会迎来新纪元。

尽管广大盲教工作者为了盲人无私奉献，但是他们距离恩师希望达到的目标仍有很大距离！工作中，接连出现问题，他们却不知道怎么解决。比如，教师短缺就是一个最棘手的问题。盲校需要大量特教老师，需要他们将全部时间和心血都倾注在盲童或者弱视儿童身上，还需要一部分老师来帮助那些尚存部分视力但又不能在公立学校接受教育的视障儿童。恩师非常清楚这个问题的棘手程度，她很清楚，盲人教育如果想要取得理想效果，必须采取一对一的个性化教学。但是这在当时根本不可能，时至今日，特教工作人员和盲人教育家才开始实施这项计划。

恩师本能地认识到："视力残疾与视力本身都不是一成不变的……恰恰相反，视力残疾和视力本身的状况一样复杂多变。因此我们应该考虑任何可能的个体差异。"从自身经验出发，恩师相信一个人的视力只要能够胜任日常生活中的特定工作，这远比从光学意义上测量出的视力敏感度重要得多。她很关注视力损伤程度对盲人性格、空间感知能力、人生态度和创造力带来的影响。她渴望能够深刻理解人类本性，并最终消除人们对盲人的歧视。

我很不理解，当初为什么没有人能够注意到她的这种深刻认识和准确判断，并因而从中受益呢？事已至此，我只能这样安慰自己，好在越来越多的友好人士正在实现她对盲人和其他残障群体的美好愿望，其中既包括美国的爱心人士，也包括世界各地的助盲志愿者。

# 第十六章　永 失 我 爱

　　伸出你的援助之手，忘我地工作，忠诚于残疾人事业，那将是你对我最好的纪念。海伦，也许你和他们之间存在一堵墙，但是你可以一块砖一块砖地把这堵墙敲掉，即使这样的工作会让你崩溃，也要像弗洛伦斯·南丁格尔式的白衣天使那样，鞠躬尽瘁，死而后已。

——安妮·莎莉文·梅西

1931年春天，筹备并参加第一届世界盲人理事会会议后，恩师觉得精疲力竭。到了炎热的夏天，为缓解她的疲惫，并尽快处理尚未答复的信件，我们来到布列塔尼的孔卡诺度假。但是没过多久，我们就应邀赶到南斯拉夫，为那里的盲人康复计划筹集资金。

这是我第一次在美国本土以外参与类似活动。恩师不愿意单独留在布列塔尼休养，便与我们同行。当我们冒着仲夏的酷暑再回到布列塔尼，恩师大病一场。身体饱受煎熬的同时，她心情也很压抑，因为她仅剩的那点儿视力正变得越来越差。布列塔尼的夏天闷热，而且几乎每天都下雨。

"家，温馨的家，才是我唯一的归宿。"她时常这样感言，就连一年前她还非常迷恋的英格兰，好像一下子从她的记忆里消失了。恩师曾经抱怨自己不会说法语，与当地人交流有困难。但我却认为这是天赐之福，因为这样可以保护我们不受外界干扰。

## 纯朴的友谊

过了些日子，她竟奇迹般地消除了所有语言障碍。在那里，我们租了一间公寓，打理房间的女佣非常可爱，尽管她一句英语也不会讲，但是我们却相处得极为融洽。我们之间的交流基本上靠时常令人捧腹大笑的猜测、手势，以及我的翻译，这种交流让大家倍感轻松。

路易丝不仅是我们的好朋友，也是一个好向导，更是一个超级棒的厨师。她身着布列塔尼服饰，面容姣好，格外吸引人。我们彼此之间很快建立起真挚的友谊。闲暇时，大家会高兴地坐在一起慢慢品茶；阳光明媚时，她会陪我们一起去野餐或者去古老的布列塔尼教堂。她告诉我们，她从未去过距孔卡诺 25 英里以外的地方，她盼望去看一看她梦想中的城市——巴黎。在她心里，巴黎不仅代表法国，而且代表整个世界。

于是，在我们即将离开布列塔尼时，恩师邀请路易丝和我们一起乘车去巴黎。途中经过雷恩时，她被眼前的一切深深吸引。我没见过比路易丝更为动情和专注的人了。卢瓦尔到处都是城堡，在奥尔良我们凭吊了圣女贞德的雕像。

巴黎的街道灯火辉煌。路易丝整夜都和我们在一起。早饭后我们带她畅游巴黎，想让她在下午回家之前尽可能多地感受巴黎。她的情绪持续高涨，一路兴奋得欢呼雀跃。我们带她参观了古老的巴黎圣母院、美丽的塞纳河、著名的拿破仑陵墓，还有其他名胜古迹。最后我们怀着依依不舍的心情离开了巴黎。

当我回忆起恩师对那些出身卑微朋友的百般友好和万般体贴时，一股淡淡的忧伤涌上心头。恩师有生之年一直很珍惜与平民百姓建立的友谊，也总是感念他们曾经提供给自己的帮助。

## 奏响不列颠

对我而言，没有什么比我们在英格兰、苏格兰所受到的热情欢迎、由衷的赞赏更让人高兴的事情了。能够有机会帮助那里的残疾人，能够在大自然安静地休息，享受大自然的抚慰，是非常惬意的事情。

1932年，为接受格拉斯哥大学授予我的一个荣誉学位，我们去了苏格兰。一个了不起的耳科专家，也是我们的老朋友——詹姆士·科尔·乐福博士，把我们安置在戴尔韦恩的一个农舍。这个农舍很迷人，到处都是盛开的玫瑰。住在这儿我可以悠然自得地准备演讲稿。把身子探出窗外，我几乎能感觉到饱满的花蕾在跃跃欲放。每天早上我都会去花园走走，有时恩师和我一起去花园，用手指感受勿忘我和银莲花的花床，因为她的视力有限，只能模模糊糊地看见。

## 第十六章  永失我爱

恩师本来希望整个夏天都待在康沃尔郡，但她还是欣然接受了日程的变更，因为格拉斯哥大学将要授予我学位，这让她异乎寻常地高兴。一听说我们能在戴尔韦恩工作，她高兴极了。因为这儿到处都是鸟的欢叫声、昆虫的嗡鸣声，而且遍地都是盛开的花朵。

格拉斯哥大学举行的盛大典礼令人肃然起敬。幸亏有恩师在身边，否则我很难招架接连不断的访问、信件、电函，还有授予学位时的拍照，以及与格拉斯哥大学校方领导层的会晤等。这所机构如此庄严神圣，它代表人类卓越与辉煌的智慧，15世纪以来培养了许多天才和名声显赫的学者。然而乐福博士超乎寻常的善解人意，让我们感觉做每一件事情都是那么轻松愉快。恩师对他和他那温柔可亲的妻子都心存感激。因为他们意识到恩师是我生命中不可或缺的一部分。几乎没有多少人能够洞察到我和恩师两个生命之间相互交织的关系，而他们夫妇就是其中的两个。

在接受第一份邀请之后，拒绝其他邀请似乎不近人情，于是我们在力所能及的范围内满足大家的要求。我应邀参观了专门为盲人和聋哑人服务的机构。当我还是一个孩子时，曾从书上看到过它们，至今我还能感受到这些机构带给我的温馨记忆。我清楚地记得，首批成立的就有位于爱丁堡的聋哑学院。苏格兰教育部的麦克基尼先生拥有超人的洞察力，能够透过那些堆砌在我头上的恭维之词，发现恩师为重塑我的生命而从未懈怠的献身精神和富有创意的劳动付出，因而褒奖了恩师。很少听到这样与众不同的赞扬，当他开口讲话时，我感觉"仿佛昔日荷马史诗中的众神在呐喊"。那天麦克基尼先生的确把我们的奋斗和所取得的胜利升格为一项既庄严又神圣的事业。

离开戴尔韦恩后我们去了伦敦，每天要参加三四次甚至五次会议。我很高兴地记得，恩师克服紧张和疲劳，为我翻译大会发言。在伦敦期间，我们经常出席各种活动，比如下议院举行的晚宴和白金汉宫的花园聚会。

在那次聚会上，恩师、波莉和我还觐见了英王乔治五世①和玛丽王后。我们参观了汉普顿皇宫，并且访问了国家盲人学院。当时的院长伊戈尔先生和他的秘书给予我们慷慨的支持，帮助我们实现了在伦敦的众多计划。伊戈尔先生是另一位对恩师赞赏有加并非

---

①英王乔治五世（George V），1910～1936年在位，为现任女王伊丽莎白二世的祖父。

常友好的著名教育家。

有一天，我们花了一整天的时间参观位于萨瑞莱塞黑德的皇家盲人学校，校长格里菲斯神父和其他人纷纷向恩师表达了中肯而动人的赞美之词。我多么希望美国人能听到莱塞黑德人民对恩师的赞扬和关于盲聋人问题富有创意的见解。

这样匆忙赶路，我们身体有点儿吃不消。当所有行程结束时，恩师得了支气管炎，波莉和我都很自责。由于我们太心急，想一口气完成全部行程，因此弄得大家筋疲力尽，还害恩师生病。医生建议去海拔比较高的地方休养，这将有益于恩师的身体健康，所以我们计划去苏格兰高地。

带着焦急、热切的心情，我们匆匆赶到一个名叫泰恩的小山村，波莉的哥哥和他的家人正在那儿度假。我们在靠近罗斯郡穆尔欧德的南阿肯附近找到一家农舍。当时正是狩猎和钓鱼的好季节，看着五颜六色的绵绵群山，恩师的病竟奇迹般地好转起来。我们希望既能安静地处理我的信件，又不错过周围大自然的美妙神韵。

静坐在广袤的玉米地里，观赏遍野的石南花，聆听小溪流水的声音，这迷人的景色使热爱大自然的人十分快乐。恩师陶醉在这静谧的环境中，怡然自乐，其间偶尔听到黑安格斯牛的吽吽声、白绵羊的咩咩声，还有群鸟集体起飞时翅膀的拍打声。我可以一个人拄着牧羊人用的拐杖，顺着古老的城墙，沿着橡树林和乔木篱笆散步。毛地黄和金色的灌木丛散发出扑鼻的芬芳，它们的豆荚在我的指尖缭绕。

当恩师和我一起穿过这片田野时，苏格兰犬也紧跟着我们。恩师一路上欣喜若狂地告诉我，那只狗如何吓唬鹧鸪、松鸡、雉鸡、歌鸫和野鸽子。恩师的支气管炎得到控制并缓解后，我们带着愉快的心情，开车游览了村庄。

时光在不知不觉中飞逝，那种与上班的日子迥然不同的快乐时光很快结束。良知提醒我们必须回纽约了，因为在那里我们要筹划冬天的任务。

我知道，盲人事业发展迅速，早已超出美国本土范围，所以需要筹集大量资金来满足美国盲人基金会的需求。当年出访，除了基金会给我们配备的一个助手外，只有波莉和我两个人。我们需要参加各种讲座，回答新闻媒体提出的平庸问题。大部分记者想当然地认为，只要我们能说出盲人最需要什么，公众就能轻而易举地帮助他们。我多希望自己能像恩师当年那样妙语连珠，给这些记者上一课。但是，最终我还是不厌其烦地向媒体解释：对盲人的帮助没有一成不变的模式，我们完全可以说世界上有多少盲人，社会就应当根据他们视力残疾的程度提供多少种不同的帮助。

每当想起年迈的恩师独自一人待在森林岗的房子里承受病患的折磨，我的心在滴血。一想到她有可能不顾失明的恶果而坚持读书，一想到她可能因为没人指望而不得不照顾我们的爱犬，一想到她因为没有佣人不得不带病做饭，或者一整天不吃饭，我就食不甘味、夜不能寐，恨不得马上回到她身边，妥善安排，让她颐养天年。波莉和我经常进行长途旅行，有时会在半夜回到森林岗。路上我们时常挂念孤苦伶仃的她，甚至会联想一些可怕的事发生在她身上，然后禁不住不寒而栗。然而，当我们回到森林岗，看见她睡意全无，并且装做若无其事地嘲笑我们杞人忧天时，我们清楚地知道，她在欺骗我们，怕我们为她分心。我们也知道她虚弱的身体每况愈下，只是她不允许我们推迟工作日程，留在家里照顾她。

我唯一感到欣慰的是，苏格兰的宜人环境抚慰了恩师的心灵。1933 年 6 月，我和波莉迅速完成基金会的任务，便催促她尽快回到南阿肯的那个农舍。起初她的身体似乎有所恢复，而且我认为春天和夏天都无法像秋天那样展示她生命的充实和甘醇。于是，我们又点燃了生命的希望，走上通向人生目标的"曲折道路"。

恩师又一次被苏格兰的魅力所折服，我也感同身受。世界上没有几个国家比苏格兰更加迷人，更加宁静，没有几个国家比苏格兰更有益于病体康复。那时恩师时常一个人享受高地的宁静，在石南花丛中重新寻找快乐。她喜欢听鸟叫声，当鸟儿成群落到门前时，恩师就用面包屑来喂它们。尽管她的眼睛已经看不清这些自然美景，但她仍能够描绘出山峦的秀丽、溪流的欢快。走在白桦丛林中的乡间小路上，欣赏茂盛的花楸浆果树、窃窃私语的落叶松，还有盛开的山楂花，她的快乐难以言表。偶尔她会安排一次驾车兜风，沿途与我们一起感受大自然的野性魅力。每当这时，我就欣喜于她传递给我的感觉：

空气中弥漫着绿色的海洋，
沐浴着火一般的温暖。
太阳躲进宁静的贝壳中，

## 第十六章 永失我爱

星星点点地照在我的墙上……

多年以来，安妮·莎莉文一直处于警觉不安和紧张戒备状态，能够在这些朴实的乡下人中间完全放松，对她来说是个极大的安慰。我相信，现在她之所以感觉生活幸福，是因为她发现自己生活在一个充满关爱的温暖世界里。波莉的家人经常来探望我们。前一年见过的许多朋友也经常来农舍做客，他们的真诚、热情、友善和好客，对于恩师来说弥足珍贵。

生活又恢复到以前的样子，她每天给自己安排大量娱乐活动，给大家带来许多快乐。乐福博士及夫人、伊戈尔先生等几个朋友分别陪我们在农舍度过了几天愉快的时光。从穆尔欧德和因弗内斯来的朋友，还有来自其他地方的很多老朋友，为了表达他们对恩师的敬意做了许多让我们高兴或者是令恩师快乐的事。说实话，我很少亲历这样感人的质朴之爱。恩师一如既往地善待处于社会底层的佃农，他们的粗犷与热情也让我记忆犹新。

波莉、她哥哥、恩师和我一起乘船游历了奥克尼群岛和设得兰群岛，我希望此次旅行能够有益于她的身体康复。我们在奥克尼群岛短暂停留。除了恩师，大家都去参观斯卡拉布雷石器时代的村落废墟。我们沿着陡峭而狭窄的石阶前行。由于笨拙，我被卡在一个地方，上不来下不去，也不能转身。好长一段时间，幻觉中自己被牢牢卡住，似乎回到很久以前充满神秘的乌有世界。很幸运，我又被解救出来，他们把我安全地送到山下的住处。屋棚低矮以至于我们只能像探险时那样弯腰站着。这里摆放着人们用岩石做的床、柜、衣架、武器和各种装饰品，我对他们的工艺技术很感兴趣。我还摸了摸他们用来腌鱼和其他食品的酱缸、位于屋子中央的灶台以及屋顶上用来排烟的小洞。奥克尼群岛给我留下了快乐的记忆，因为那儿到处开满丁香花。

旅行开始时，恩师决意要好好享受这次海上之行。但是上船之后，水面反射的阳光却让她无法忍受，她无法留在甲板上，只好躺下休息。我本来担心她的身体不适会影响她感受设得兰群岛独特的维京[①]气氛，没想到她却顽强地站了起来。当我们步行穿越勒威克时，她半凭视觉半凭想象，一路为我描述那些

---

[①] 维京人，北欧海盗是他们的通俗称谓。曾经肆虐于东到君士坦丁堡，西至英格兰、格林兰、冰岛，北达伏尔加河，南抵北非的广阔领域，以海上旅行和抢劫闻名。

古雅的房子和房顶上悬挂的风干鱼。由于我能够亲手触摸岛上的小动物——包括当地的小马、小羊，还有牧羊犬，恩师由衷地替我高兴。

我们乘着摩托艇穿梭于几个岛屿之间，恩师的手指随情绪欢快地跳动，为我描述周围遮云蔽日、欢腾喧闹的鸟群戏水的场景——一会儿是海鸥军团，一会儿变成贼鸥家族，一会儿又是海鸭部队，它们似乎一直盘旋在我们的船头船尾，恩师和我都兴奋极了。这里昼夜都能感受到阳光的强烈照射，北欧独有的极昼现象让我们体验了一种奇妙的感官刺激。让人觉得怪异的是，当地人毫无睡意地在市场上进行交易，在大海上捕鱼，一直持续到凌晨时分。

返程时，我们再次路过奥克尼群岛，喜悦荡漾在恩师的脸颊上。太阳混杂着柔和的色彩与颤抖的光影垂直而落，恩师凝视着晚霞，直到它的余晖散尽。那是她最后一次非常勉强（考虑到她可怜的视力）地欣赏大自然美景。

然而无论发生什么事情都不可能带走她丰富而珍贵的想象力，因为她心中那盏追求美好事物的明灯始终在闪烁。可惜她的固执和顽强的意志最终耗尽她视线中仅存的一丝光芒，否则光明也许会伴随她一生。

## 拳拳女儿心

秋天到了,恩师的身体没有丝毫好转的迹象。我向基金会请了学术年假,决心想尽办法使恩师的身体好转。我们匆忙赶往苏格兰高地那个农舍并安顿下来。事实上,自从我上大学以来,我们一直非常忙碌,难得休息,多年的奔波与忙碌让我和恩师在身体和精神上都付出了沉重代价。长期的文学创作、励志讲座和跟随马戏团的商业演出,使恩师的体力和视力状况明显恶化,一种深深的愧疚感萦绕在我心头,久久不能散去。出生在美国南部农场、在广阔空间里长大的我,也一直都没有适应纽约拥挤不堪、喧嚣嘈杂的公众生活,我渴望在苏格兰高地多待一段时间。当基金会通知我们可以在这里休息一年时,我简直不敢相信,还以为自己身在童话故事里呢。

刚到农场的几天,我动辄在草地上躺上好几个小时,试图养成威廉·亨利·哈德逊[①]的习惯——长时间写作之后什么都不做,什么都不想。这一段时间的

---

[①] 威廉·亨利·哈德逊(William Henry Hudson,1841~1922),英国作家、博物学家、鸟类学家。

安宁与平静让我疲劳的大脑恢复了活力，也消除了之前的紧张情绪。带着感恩的心情，我想热切地拥吻这片土地，尽情地沐浴在和煦的阳光之中，体味它带给我的全新享受。从田野散步回来，我头上戴着稀有的欧洲蕨类，粗花呢大衣上插满石南花。奇妙的是，我们距离因弗内斯市区不过18英里路程，却仿佛与外界完全隔绝——周围到处都是湖泊、峡湾和古城堡。

冬天来了，恩师的病情加重，卧床休整了一段时期。圣诞节时，我们去了一趟格拉斯哥，在那儿待了几个星期。乐福博士给恩师安排了非常周到的医疗护理。他与恩师忠贞不渝的友谊以及他对她的悉心关照让我们非常感动。

然而命运这一次没有眷顾恩师，所有缓解她病痛的努力都没有奏效，我们情绪低落地回到南阿肯的农舍。随后的一年里，恩师周身长痈，痛苦异常。波莉虽然也需要长假休息，却不得不留下来照顾她。她不仅要给恩师读书，还要收拾房子，另外还要帮我照看那一对喜乐蒂牧羊犬——迪里斯和梅达。迪里斯是一只棕色的狗，它的脖子和爪子都是白色的，拥有一身讨人喜欢的绒毛，经常在地上打滚。梅达是一只黑色的狗，它淡蓝色的脑袋显得很滑稽，长着一双明亮可爱的大眼睛。它们是湖区犬，经常会抓回野兔等一些小猎物。从野外撒欢儿回来，这两个淘气的家伙会跳上恩师的床，从她的餐盘里抢东西吃。它们是恩师的慰藉，要不是它们的陪伴，恩师说她可能熬不过这个冬天。

恩师病痛稍微减轻时，她会给我很多建议，帮我构思论文题目，因为我当时正在给《宝塔》杂志写稿。我同时开始撰写恩师传记的第一稿，后来该稿连同我在威斯波特的第一个家被大火烧成灰烬。恩师用她细腻的心发觉我们每个人身上都蕴藏着力量，尽管世俗的嘈杂阻止我们倾听这种力量。她很少留意惹她生气的事情，却对别人的痛苦更加敏感。就这样，她挺过了一个与纽约相比要短一些的冬天。这儿的天气潮湿、多雾、多霜，偶尔甚至能感受到北极的冰冷寒风。尽管很少下雪，但是我们依然能够听到绵羊在寒风中哀号，黑色的安格斯牛群也在隆冬里拖着长腔，凄凉地悲叹。

早春时节，恩师可以下床和我一起在紫罗兰、蓝铃花和水仙花的花丛中散步。她会像我一样抚摸着花朵，并用手语对我说："海伦，对于一个人来说这多么幸福啊！能够经历这么多磨难，走出自己的客西马尼①，并最终感受生活的充实和成就。"

在时好时坏的治疗和休养间歇，她邀请一些朋友开了几个庆祝宴会。朋友们对恩师的真情如阳光般温暖亲切。这些聚会让我们觉得非常愉快，也很短暂。与此同时，一种不祥的预感涌上心头。

## 不熄的爱

基金会宣布为盲人发明了有声书，并且希望我能够加入募集资金的活动，因为生产这种新式"阅读"载体需要大量资金。恩师马上认识到，与布莱尔盲文系统相比，这项发明对那些中途失明的盲人更具实用价值。因为布莱尔盲文系统对中途失明者来说摸读起来非常困难，更不用说享受读书的乐趣了。她恳请我能够尽一份绵薄之力，帮助解决资金问题。这正是我在来年冬天要做的事情。

在森林岗，她曾考虑过要开始新生活，再教一个和我一样被剥夺了听力和视力的学生。当她在肯塔基

---

①客西马尼，位于耶路撒冷，犹大出卖基督的地方，后来指一个人经受磨难的地方。

州的路易斯维尔城发现这个被社会遗忘的盲聋婴儿时，一股冲动使她想要赋予这个婴儿光明的世界，让他能够享受这个世界上动听的音乐，仿佛青春之火在她疲惫的身躯内重新燃起。由于我们知道她的身体状况越来越差，所以经过多次争论，我们最终说服她放弃收养这个婴儿的念头。

她经常提醒我："全世界的盲聋人都在等待重生，伸出你的援助之手，忘我地工作，忠诚于残疾人事业，那将是你对我最好的纪念。海伦，也许你和他们之间存在一堵墙，但是你可以一块砖一块砖地把这堵墙敲掉，即使这样的工作会让你崩溃，也要像弗洛伦斯·南丁格尔式的白衣天使那样，鞠躬尽瘁，死而后已。"

很多工作等待我回到纽约去完成。除了处理各种求助信件和往来信函，我还要参加在纽约举行的各种茶话会和有声读物推广会。波莉和我继续在没有恩师的陪伴下四处游说。每当我能够安定下来，有幸能和恩师在家里享受一段美好时光时，一种莫名的恐慌会袭上心头，唯恐忽略了对盲人应尽的重要义务。同时我又对恩师无限依恋，即使待在紧挨着她房间的书房里，还是感觉离她太远。

我们再也不必把恩师一个人孤独地丢在家里，一个叫赫伯特·哈斯的年轻人加入了我们这个特殊家庭。他为人友善，幽默开朗，微笑的面孔像个红红的苹果，我们每个人都非常喜欢他。他是生活中的多面手，在我们离开的日子里，能够让恩师感到快乐。时间长了，彼此之间产生了深厚感情，他就搬进来和我们住，有了自己的房间。

对他而言，拥有一个真正属于自己的家，是一种难以言表的幸福。他的爸爸是一名音乐家，妈妈是一名普通护士，可惜双双离开了人世。赫伯特继承了妈妈善于照顾安抚别人的优点，这也是恩师喜爱他的主要原因。他不仅照看房子，还帮助料理家务，为我们开车，分担波莉的部分工作。他熟悉办公业务，能帮我修理打字机和盲文设备。他学会用手语与我交谈，也学会用盲文打字机书写盲文，这样就可以随时把印刷版明眼文章和文件誊抄出来（此前波莉是把它们寄出去誊写）。我们养的小狗也很喜欢他，这就让恩师对他更满意了。赫伯特的彬彬有礼受到大家的欢迎。他为人聪明，诚实守信，工作勤奋，和蔼可亲，性格直率，会讲故事，这是大家对他公认的评价。

与此同时，波莉和我努力寻找可能对有声读物感兴趣的人。威尔·罗杰斯①，我们敬爱的哲学家和幽默大师，对此项目表现出浓厚的兴趣。威廉·摩尔夫人对盲人的一贯帮助和关心让我和恩师非常感动，从她那儿我得到一大笔捐赠。加上众多较小数额的捐款，基金会成立了一个工作室，开始尝试制作有声读物。后来，国会专门拨款支持有声读物和盲文书籍的制作。

## 弥留之际

1935年春天，恩师去纽约一所医院看病，医生认为最好的治疗方法就是让她安心静养。我只能偶尔和她在一起待上几分钟，因为她一看见我就过度兴奋，想了解我工作情况，她那时已非常虚弱，这样不利于她的健康。

她告诉我说："对待残疾人最重要的是给他们活下去的勇气。"除此之外，她说她有很多想法，希望我能帮她记下来。但是当我下次去探望她时，她早已记不起那些想法了。可怜的恩师，对于她来说，失去

---

①威尔·罗杰斯（William Penn Adair Rogers，1879～1935），美国幽默大师、演员、政治评论家，被誉为"牛仔哲人"；热衷慈善事业，有许多名言传世。

想象力，失去灵感，失去铿锵有力的言语，失去巨大的创造力，这一切远远比失去视力更加糟糕。

夏天，波莉、赫伯特和我带着恩师去卡茨基尔山观光，她在山丘、丛林和湖泊中找到了慰藉。对生命的渴望再一次帮助她战胜身体的虚弱。为了让她振作起来，波莉和我强颜欢笑地为她举办一些小型聚会。聚会来了很多客人，有米格勒先生——基金会的现任会长，还有贝伦斯博士。恩师坚信一本小册子远比《我的信仰》更加适合大众读者。闲暇时我写了一本书，名叫《黄昏的宁静》。

恩师的身体一直未能很好恢复，时常被烦躁不安折磨着。她经常谈起她的"欢乐岛"，希望能够再度感受哪怕一丁点儿类似的快乐。

1935年10月，我们4个人又去了一趟西印度群岛的牙买加。那是热带雨林中的一个巨大岛屿，上面有棕榈树、险峻的山峰、古老而富有神秘色彩的教堂，但是恩师看到这些仍然一点儿也提不起精神，她太疲倦了！

我和她都认为，一个人在思想和身体都渐渐老去时，将是非常不幸的。但是我也提醒她说，没有经历过贫穷磨炼的所谓青春，实际上是脆弱的、垂死的，甚至是不可能得到救赎的。

"恩师，您征服了成长环境中的艰难险阻，您为世人树立了榜样，您的事迹对世界上善于思考的人提出了一个严峻的挑战。您的成就向世人昭示，只要他们更多地摆脱内心的悲观畏缩和盲目乐观等情绪，他们就能获得更大的能量去塑造一个充满活力、崇尚知识、追求真理与理想的未来世界。"

"我真希望你说的可以实现，海伦。"她有气无力地回答，"我希望你用你心灵的眼睛和耳朵战斗在最前线。"

基金会又一次让我和波莉为平衡预算四处化缘，这样我们就难得在家陪伴恩师。

一次，日本盲人组织负责人岩桥武夫来纽约研究美国社会为盲人解决困难的具体方法，借机来拜访我们。他自己本身是一位盲人，却富有诗人一般的热情，同时他熟练的英语令我们很惊讶。他热切盼望我们能够访问日本，为那些在痛苦中挣扎的盲人送去阳光和温暖。我告诉他，恩师目前病情很严重，不能亲自见他，目前离开恩师去日本，会让我很担心。

恩师听说我们与岩桥武夫会面，也被他那高尚的人格和非凡的才能所折服，她说："这是一次绝佳机会，你不能错过。"

"但是我不能扔下你自己去日本。恩师，因为您的病，我不会接受这个邀请。"

"拜托你了，海伦。"她坚持道，"答应我，在我离开人世以后，你和波莉要成为日本残障人士的光明使者。"

"我们会尽力而为。恩师，不过一想到要去一个完全陌生的地方，我就比较紧张。"

恩师一直劝说贝伦斯博士再次为她的眼睛实施手术。但是博士坦诚地告诉她，这对恩师一点儿用处也没有。恩师用双臂搂着博士的脖子，含泪恳请他再试一试。最后贝伦斯博士同意了，但结果和他预见的完全吻合，恩师的视力并没有比此前好多少。看见她失望沮丧，因病疼痛而不能休息，我们都很难过。

在恩师住院期间，亚历山大·伍尔科特[①]写信鼓励恩师，还每天送她一束小花，让她把花捧在手里。恩师很欣赏亚历山大的聪明才智和奇思妙想，但是波莉和我都清楚地记得，他第一次来森林岗做客时，恩

---

[①]亚历山大·伍尔科特（Alexander Woollcott，1887～1943），美国文学批评家和《纽约人》杂志的评论员。

师对这种高居名人榜首、才华横溢又积极进取的青年才俊没有多少兴趣。但亚历山大却坚持和恩师聊天，为恩师读书，恩师慢慢地才适应跟他交流。恩师去世时，人们希望他能为恩师送葬，可他却唐突地拒绝了，似乎也没什么理由。后来我才知道，他认为自己没有资格接受这份荣誉。我会深深地记得他，在所有评价中，他对恩师的个人魅力诠释得最好。

因为恩师一直都没有康复，我们感到很难过，但恩师却忍着疼痛强打精神，让波莉为我们联系消暑度假的地方，最后赫伯特带我们去了拉科尼什。那是一个离魁北克不远的村庄，位于劳伦森山脉。

这次旅行对恩师而言很难承受，她感觉浑身发冷，只能躺在床上。我们则在帐篷里眺望位于森林腹地的湖泊。我清楚地记得当时赫伯特二话不说，也不计代价，艰难地在树林中为我们开辟路径，只为方便遛狗和散步。

这次旅行让我的良心备受折磨，原因是这个山村太漂亮了，而我却无法和恩师一起欣赏这里的美景。对我而言，只有和恩师在一起时才能完整地享受生活。我的这种心情，她可能感觉不到。因为身体不舒服，恩师经常跟自己过不去，偶尔也跟我发脾气。放着眼前的美景，恩师卧病在床却不能欣赏。她对我说："这难道不是我所喜爱的生活吗？和你一起旅行——像过去一样四处流浪，让大自然的智慧慰藉我们对未来的担忧和恐惧。"

大家在她的房间里为我庆祝生日。虽然我们表面上欢呼雀跃，但我心里明白这将是恩师为我过的最后一个生日。她告诉我说，她一定尽最大努力，平安回家，然后换一种方式生活，努力延长自己的生命。

临近8月，我们回到了纽约。最初在查塔姆宾馆住了几天，然后我们在长岛格林波特租一间靠海的木屋居住。那是我们面临绝望的最后一次努力，希望能够帮助恩师恢复体力，延续生命。

有一天，她做出令我吃惊的举动：先是走下沙滩，然后下到水里。也许她以为海水有足够的浮力可以支撑她，然而她突然头晕目眩，倒在水中。我们半拖半扛地把她抬到床上。

"我要努力地为你活下去。"她啜泣着说。她一生中有过数不清的改变，然而这一次很可能是最后一次。尽管她疲惫的身躯里能够发光的燃料越来越少，但她精神的火焰却越烧越旺。她用普罗米修斯精神，尽力抵抗身体的疼痛和软弱无力，为我工作提供尽可能的帮助。

第二天，她被救护车送往医院。临行前，她轻声地对我说："因为双目失明，我难过了很多年，浪费了许多美好时光，为此我感到非常遗憾，然而过去的已然过去，我已经尝到杯中最苦的那滴酒。但是如果你对上帝和永恒的理解正确的话，我们则完全可以相信，他不会让'伟大的思想、庄严的思想、永垂不朽的思想'从这个世界上消失。"

医生给恩师作了全面细致的检查。一天，我去探望她。恩师告诉我，医生和护士对她很友善。她说："躺在医院的床上，感觉我就在上帝的膝下。"

当医生已无计可施时，我们把她接回了家。在接下来的几天里，我的心跳似乎要停止。当有人来收拾房间时，她会不停地对我说，死亡天使很快就要来请她了，在死神来临之时，我们应该把一切都准备好。

然而无论她刚说完什么，她都会转而询问我的工作情况——问我收到的信件中，对于基金会来说有哪些好消息。

过不了一会儿，她又会说："你可否放下你的信件和我待在一起，直至我离开人世。"可是她却从来也不让我这么做。

有一次，基金会的一个工作人员因为紧急公务来找我，当时我就坐在她的床边。她在半昏迷状态中硬是让自己清醒过来，让我大声地重复工作人员刚刚通知我的事情，这让客人感觉有些尴尬。工作人员离开后，她坚持要求我立即处理刚才讨论的事情，否则什么事都不能让她高兴。

直到她去世前的一个星期，我们才真切地感受到她那不可战胜的伟大灵魂和那颗脆弱的心到底是个什么样子。我们为恩师请了一个护士，为的是给波莉减轻一些负担。但是在恩师看来，这意味着波莉将要离开我们。

哭过之后，我看见恩师在犹豫，她舍不得波莉离开："波莉，哦，波莉，别走！"

波莉拥抱了她，并哄她回到床上："我只是下楼给你拿杯茶。"

恩师又转向我，用手语说："明年春天，你们俩还会和我一起去苏格兰吗？我一直觉得苏格兰是一个无比美好的地方，我感觉那里的宁静一直在拥抱我，在那里我肯定能保持平和的心态。"我答应了她的要求。

我最后一次见到恩师是10月的一个夜晚。当时她坐在一张椅子上,十分清醒,我们围坐在她身边。赫伯特给恩师讲述刚看过的马术表演,逗得她哈哈大笑。同时她用手语将讲述内容转述给我,她那么温柔地握着我的手!她的触摸如此美妙,传递给我爱的力量与智慧。

后来,她不知不觉地陷入昏迷状态,再也没有醒来。

10月21日,我们在纽约麦迪逊大街的长老会教堂为恩师举行葬礼。很多朋友和陌生人都来为她送行。福斯迪克博士①讲述了恩师在教育工作上感人至深的事迹。她对一个盲聋哑孩子人格的培养体现了她惊人的艺术天赋。亚历山大·伍尔科特写了一篇关于恩师儿时的传记,感人肺腑。她的遗体被火化,骨灰被安葬在华盛顿的国家大教堂里。

我和波莉随后去了苏格兰,她哥哥盛情款待了我们。我们在他家住了3个月,也许只有这样才能帮助我走出悲伤的阴霾。

我一直相信人的生命可以永恒,然而恩师的辞世

---

①哈利·爱默生·福斯迪克(Harry Emerson Fosdick,1878~1969),美国神学家。

还是让我的生活陷入一片混乱。几个月之后我才走出悲伤的情绪，然而事实上直到现在我也无法完全摆脱失去恩师的迷茫。我非常清楚恩师的灵魂是独立存在的，所以我没有依恋她的身体，不像她当年舍不得离开幼弟吉米的尸体那样。我相信，她通过我活着，她是上帝借给我的，帮助我在黑暗无声的世界里形成自己的独立人格。我不敢奢望更多，除了祈求上帝给我力量，让我对得起他的恩赐。就像希腊神话中的墨勒阿革洛斯①，他的生命系于母亲灶膛里持续燃烧的一根木棒。这位母亲在一怒之下熄灭燃烧的木棒，扼杀了自己的儿子。

  恩师走后，我觉得自己失去了生活的动力。虽然我并没有像墨勒阿革洛斯那样被母亲杀死，但是曾经照亮我人生之路的恩师的智慧之火似乎被扑灭。我曾经借助她的智慧之火沐浴阳光，欣赏音乐，享受生命

---

  ①卡吕冬国王俄纽斯和王后阿尔泰亚之子，大英雄，出生之时，命运三女神告诉阿尔泰亚，儿子的寿命如同灶膛燃烧的木棒，如果燃尽，生命就会终结。后来为了报复杀死自己兄弟的儿子，这位复仇母亲取出保存多年的木棒扔在火堆里，毁灭了儿子，自己也死在火堆旁边。海伦此处引用和原文有出入，也许是因为莎莉文理解和讲述的问题。

的辉煌。她留给我的神奇手语还在，但是手指尖那种神秘的触电感觉却消失了；同样，那种与她朝夕相处、如影随形的日常生活所带来的无与伦比的幸福感也一去不返。恩师对我来说就像保护神，她的灵魂一直保护我不被生活中的阴霾所吞噬。

　　曾经相当长一段时间，我觉得自己的体内没有足够的光亮击退那些不断袭来的黑暗和寂静。直到我和波莉有幸搭乘"浅涧丸"号轮船去日本旅行，属于我自己的生活似乎才重新燃起火花，帮助我照亮生命中的黑暗，驱走内心的空虚和寂寞。

# 第十七章 日本之行

　　我相信，是恩师为我的灵魂插上了翅膀，帮助我克服对工作的畏难情绪。生活中的美好事物让我内心保持平和，帮助我克服先天言语缺陷，适应完全陌生的生活环境。

——海伦·凯勒

## 恩师生命重现

刚踏上日本国土，我就感到，她仿佛在伸开双臂欢迎我们，我意识到这是日本独有的气息。波莉为我描绘富士山的样子，它正如我想象中那般巍峨地矗立在春日的阳光中。

一到日本，我们就受到岩桥武夫、政府官员、聋哑学校代表、格鲁大使以及其他社会名流和每日新闻通讯社代表的欢迎。随后，我开始忙于各种活动，例如：与显贵政要讨论如何正确地让失明失聪的孩子回归社会；接受媒体采访；拜访高松王子和王妃殿下；参加在东京皇宫举行的花园派对，在那里接受天皇、皇后的召见；为残疾人学院的师生演讲；等等。

虽然日本的大城市到处留有西方文明的痕迹，但是我和波莉却浸润在一种优雅、古朴的气息里。武夫和他的妻子带我们去了掩映在小山中的村庄。在那儿，我们极尽优雅地仿效日本人跪坐在桌前，享用日本料理，然后在招待我们的主人家就寝。躺在榻榻米上，对我来说有一种独特的吸引力。我把手放在一尘不染的地毯上，用心感受推拉门窗的颤动、日本女人走路时轻微的嗒嗒声以及身上所穿和服发出的沙沙声。

当日本人在家中的祠堂焚香祭拜时，我感到他们的信仰离我很近。虽然我们的信仰不同，但都传达着温暖的情愫，有对逝去亲人表现出的珍爱和对未来重逢表现出的期冀。

和恩师一样，我深爱着周围的美好事物。在日本，美的事物触手可及——杯子、扇子、屏风、日本少女的彩色腰带、美不胜收的樱花、简约雅致的花园以及其中的山石、池塘、矮松及寺庙的牌坊等。

在奈良，寺院住持特许我顺着梯子爬到一尊坐在莲花宝座上的大佛脚边。在佛教里，莲花是代表一切美德的最圣洁的花，而我是世界上第一个获此殊荣的女人。

在静冈，我参观了一望无际的茶园，走访了在烈日下耐心采茶的茶农，甚至抚摸了茶树和茶农的帽子。

在宝冢的村庄里，我们和两位迷人的日本女随从一起结伴登上山岗。我还触摸了当地灌溉良好的稻田，顺路领略乡村的田园风光。

从日本国土的一头到另一头，从内海海滨到别府的温泉，我和波莉马不停蹄地访问残疾人学校，与教育部部长大久保侯爵、致力于帮助聋哑人的德川侯爵等重要人士会谈。大久保侯爵对盲人事业有着特殊兴趣。

武夫认真地将我表达的内容翻译给日本人听。我阐述了健视人在涉盲问题上的无知，介绍了盲校中的开拓性人物。当那些意欲助残的爱心人士向我提问时，幸亏有武夫在场，我才不至于那么惊慌失措。即使已经过了很久，现在回想起来，我依然对武夫的勇气和见解充满钦佩之情。

在走访过的学校中，我们发现教师都很受尊重。特别是我的恩师在这些地方受到的赞美让我和波莉大为惊喜。恩师声名远扬是我第一次访问日本时得到的最珍贵的礼物。

我坚信恩师时刻与我们在一起。当我和波莉在夏威夷、澳大利亚和新西兰旅行时，我都有这种感觉。到1948年秋天，应麦克阿瑟将军邀请，我们第二次访问日本时，恩师与我们同在的感觉更加强烈。

## 崇高印象

我和波莉一到东京火车站，就受到萨姆斯准将及其夫人、海伦·凯勒委员会成员、政府代表和其他人士的热烈欢迎。我被他们的爱包围着，暖意油然而生，内心激动不已。

我们再次见到武夫和他的妻子木尾。在两侧闪光灯的照耀下，我们一起踏上以前皇帝御用的红地毯。

武夫当时正在举办一个具有历史意义的活动，目的是为盲人的康复治疗筹集5千万日元善款。能协助他实现这个目标是我的荣幸。

9月3日，我在东京作了第一场演讲。我当时听到一个令人振奋的消息：同日，日本有一百多万残疾人举行集会，希望通过一部能够帮助他们克服困难、获得尊严和成就感的安全法规。与此同时，另一个大规模的盲人集会则要求尽快实施盲人权益保障法。

9月4日，我和波莉在皇宫广场受到了7万名群众的盛大欢迎。在我呼吁大家捐款之前，武夫回顾了我和恩师命运相连的点点滴滴。他着重强调这样一个事实：正如罗马并非一日建成一样，我也是恩师50年毅力与付出的成果。他说："通过安妮·莎莉文小姐，上帝将绚烂的光芒洒在我们的善行之船上。"

我相信，是恩师为我的灵魂插上了翅膀，帮助我克服对工作的畏难情绪。生活中的美好事物让我内心保持平和，帮助我克服先天言语缺陷，适应完全陌生的生活环境。

另一件让我感到高兴的事情是，日本妇女的解放和她们作为国会成员所进行的活动。看到她们踏踏实实地为社会福利事业工作，并在这方面获得经验，我深受鼓舞。我相信，那些甘于奉献，尤其是甘愿为盲人和聋哑人奉献的妇女，将会成为残疾人康复路上的守护天使。

日本另一个令人印象深刻的变化是：对于我在会议上为残疾人事业进行的呼吁，广大民众反应非常迅速。这种变化也体现在地区行政长官、城市市长、杰出教育家等所有思想刚刚解放的人们为欢迎我们所发表的讲话稿里。虽然现实中仍有困惑，但是他们勇敢地摆脱千人一面的格局，以个体和集体责任为基础谋求个人和民族发展。

武夫举办的活动与我之前参加过的活动截然不同。这项活动具有极高的公众关注度，会议议程安排得也非常巧妙。另外，那些在沿途车站迎接我们的人群和我听到的赞美之词使我永生难忘。通过波莉的手语翻译，我得知武夫善于利用他那诗意的激情、圆浑的嗓音以及令人愉悦的幽默来感染观众。

不论我们走到哪里，每日新闻通讯社都会派记者与我们同行。这些记者通过访谈，向健全人展示盲人不仅可以学会读书、写字，而且可以精通手工艺制作和音乐创作。同时，他们还使盲人们确信，失明并不代表世界末日。通过每日新闻对这些活动的深入报道，各方力量自觉联合起来确保活动成功。

日本人长期以来奉行克己观念，过去集中体现在忠君理念上，如今这一观念已顺利地转变到关爱残疾人，为盲聋人奉献爱心的事业上。

当我们从北海道出发旅行时，横扫东北地区的一场台风致使洪水泛滥，然而这并未影响当地人们对活动的热情。福井发生地震后，我们心惊胆战地穿过满目疮痍的震区，在经过曾是房屋林立的数里废墟之时，我们悲痛不已。虽然遭受冬天酷寒的威胁，但是福井的人们一边忙于重建家园，一边寻求临时庇护所，同时仍然不忘为盲人奉献爱心，踊跃捐款。即便是被原子弹夷为平地的广岛，人们依然积极地为我们的活动贡献力量。在全城三分之一被毁的长崎，人们也是积极参与我们的活动，为盲人奉献爱心。这就是日本留给我的崇高印象。虽然在不同国度生活，但是奉献无私大爱的日本人民非常令人尊敬。我看到他们将才华献给了比慈善更高尚的事业——帮助残疾人回归社会，找到自己的合适位置。

在日本，我们处处都能听到人们的赞美之词。为了纪念恩师，人们会焚香祷告。访问宫岛期间，大石灯塔上的灯都被点亮，盏盏明灯象征着恩师的纪念树会永远枝繁叶茂，硕果累累。

还有什么样的纪念碑比日本盲人的美好联想更能体现恩师安妮·莎莉文对于未来教师的深远影响呢？还有什么样的纪念碑比富有创造性的日本残疾人福利法案更能烘托出恩师安妮·莎莉文的生命意义呢？这个世界上还有什么样的光芒能比日本民族所给予她的荣誉更能让恩师欣慰呢？要知道，恩师生前所奉行的热爱美好事物、忠厚善良待人、重视品德修养等做人原则正与日本民族所信奉的道德标准不谋而合。

# 第十八章　实现恩师的理想与目标

　　我们走访了七十多家医院。令我惊讶的是，我发现困扰我一生的挫折感消失了。由于和各种各样的人打交道，工作不再显得单调，我也已经能够完整地理解生活，而不再像过去那样断章取义。这正是恩师在教育我的过程中倾注毕生精力要实现的目标。

——海伦·凯勒

## 慰问伤残士兵

　　生命的潮水已把我——我坚信它也同样带着恩师——从遥远狭窄的水域冲刷到较为宽阔的河床上，冲向拥有更广阔视野与自由空间的地方。多亏恩师在我前进路上撒下不灭的火种，我才得以和波莉继续往来于不同的地方，为那些在战争中负伤的陆海军伤残人员以及其他民族的盲人和聋哑人送去鼓励。

　　1944年冬天，我和波莉从宾西法尼亚的福吉谷和巴特勒出发，去慰问新近失明失聪的士兵。其实我并未料到自己能像健全人一样探望伤员。一天，我和内拉·布拉迪·亨尼闲聊。她深知第二次世界大战给我心灵带来巨大的痛楚。她用手语直截了当地问我：

　　"你为什么不去看望伤残士兵，并且为他们做些什么呢？你可以用你的双手、心灵和信念鼓励他们振作起来，走出困境。请记住，他们就像你小时候一样需要调整自我。你可能已经忘记早年几乎将你扼杀的黑暗与沉寂，可是你有义务为那些受伤残折磨的士兵做点儿事情。事实上，所有人都应该这样做。这么做能让你承认他们的牺牲——为了我们、为了他们，以及被我们称之为'人类文明'的尚未实现的梦想。"

内拉反问我的一席话让我感到是恩师在通过她来鞭策我，忽然令我茅塞顿开，让自己从过分在乎语言缺失、行动笨拙及反应迟钝等先天缺陷中解放出来。我向美国盲人基金会提出慰问国内伤残士兵的请求，基金会满足了我的愿望。

在波莉的全力支持和引导下，我们出发前往华盛顿和亚特兰大市，去探访那些医院里的伤残士兵。此行于我而言，就像离开一个与世隔绝的荒芜小岛（这其实就是盲人和聋人在生活中的真实处境），前往一片有着多姿多彩风景的伊甸园。

随后的两年半时间，我们走访了七十多家医院。令我惊讶的是，我发现困扰我一生的挫折感消失了。由于和各种各样的人打交道，为盲人和聋哑人工作也不再单调，我已经能够完整地理解生活，而不再像过去那样断章取义。这正是恩师在教育我的过程中倾注毕生精力要实现的目标。想到她的目标已实现，我很开心。

我们的第一次长途旅行从位于阿肯色州温泉城的瘫痪士兵救治医院开始。接着，我们参观了俄克拉荷马州奇克谢的博登耳聋士兵医疗中心。我们还陆续去了得克萨斯州、新墨西哥州、科罗拉多州、犹他州、加利福尼亚州、俄勒冈州和华盛顿州。

起初，我只有进入陆军医院的权利。后来我给麦金太尔海军上将写了一封信，请求他允许我享有进出海军医院的权利，他爽快地允诺了。

从爱达荷州到南部再到中西部，我和波莉辗转于不同的城市和港口，在这些地方的陆军和海军医院开展我们的工作。在国外旅行中，我们遍访了英国、法国、意大利和希腊的伤员。

在外界看来，这只是一次简单的行程，然而在我的记忆里，过去20年的行程充满了人与人之间温馨的友谊、伤员克服困难的勇气，以及康复之路上激动人心的进展和成就。这些故事一直在我的记忆中歌唱，闪烁，并不时地跳动。我可以作证，数以万计本来被宣布终生残疾的军人，最终勇敢地战胜了残疾，恢复了身体机能。

要把我见证的英雄史诗全部展示给世人不大可能，它比荷马史诗更为波澜壮阔，需要描写不同年龄、地域、智力、品位、素质、职业、宗教和政治信仰的英雄。他们当中有各个民族的后裔，包括东印度人、菲律宾人、中国人和日本人，所有这些人的英雄事迹都是这部史诗的组成部分。当我从一个床位走到另一个床位——我和波莉每天要这样走上数英里，脑海中浮现着士兵们的影子，他们正在高谈阔论。

访问会听到不同战场的名字，我的思绪随之在陆地与海洋之间穿梭跳跃。在静寂的午夜，大型舰队载着部队向北非海岸驶去。爆炸声中，船身猛烈震荡，不时有士兵被炸飞，我听了惊恐得说不出话来。我时而穿越冰冷的北大西洋海域，时而在热带丛林中匍匐前进，时而与步兵战士惊恐地蹲守在大片烟雾与空袭报警的可怕声响中，时而与战士们在荒漠一起行军，时而吃力地攀爬意大利山地，时而独守寂静与荒凉的阿留申群岛，时而和虚弱憔悴的德国战俘关在一起……远比士兵讲述的经历更为深刻的是，他们谦恭而勇敢的灵魂就像夜空的星辰一样熠熠生辉。

我实地考察了条件艰苦的战时用做防御工事的散兵坑。我深信即将到来的光明对黑暗、健康对疾病、康复对残疾的战斗一定会取得胜利。由于外科医术的不断创新与提高以及全体工作人员的敬业与奉献，康复奇迹发生过，今后还会发生。更重要的是，这些成果正在被推广应用到民间所有疾病的治疗。根据我了解的第一手信息，在战争中失明和失聪的士兵已经重装待发，不但能够生活自理，而且还能胜任一些公共服务工作，这在康复历史上达到了前所未有的高度。

终将有一天，各地残疾人的地位将会提升到有履行责任能力的公民地位，而这一天正越来越近。这一成果的取得必须以敢于实践的勇气、社会良知、医学知识和教学艺术之间的密切协作为基础。如果恩师能感知到这些巨大成就，我相信她一定会为自己高兴，因为是她鼓励我选择了为残疾人服务的事业，带着救赎的福音去帮助生理残疾的人们。她曾经说："海伦，当你将来回忆起我对你的严厉教诲时，你会感到高兴的。"我现在的确很高兴。

## 斗志昂扬

在见证了残疾军人身体康复且光荣地回归社会后，我帮助聋哑人的热情比以前更加高涨。要知道，他们曾像我一样如幽灵般在乌有世界里游荡。恩师的教导让我感受最真切的是：事实真相和责任意识是人与人之间关系的基础。所以当看到美国盲人基金会逐渐壮大，服务范围不断扩展，但却没有为盲聋人办任何实事时，我简直无法忍受。

1945年，我竭尽全力为世界上最孤寂的人们争取教育权和公民权。大量的书信往来和文章发表，成功地引起了基金会主席齐格勒先生和其他几名成员的注意——随后美国盲聋哑人委员会成立了。另外，布鲁克林盲人产业之家雇用13名盲聋哑人在车间工作的消息也让我深受鼓舞。现在，基金会发起一场轰轰烈烈的运动寻找有能力接受教育的盲聋哑儿童。根据来自全国各地的请求，基金会正试图从健康、教育和福利机构获取每一个双重残疾孩子的全部信息，以便他们所在的州政府能为他们的个人培训和教育需求作好规划。这种充满博爱思想的尝试和努力本身就能解释当年恩师不懈的努力是英明的，也是卓有成效的。

## 生命之树的延伸

尽管我和波莉访问过南非以及中东和拉美一些国家，但我从来没有机会在这些国家生活。我之所以在这儿简要提及这些旅行，是因为它们是恩师生命之树在我身上进一步延伸的力证。这些旅行的刺激超乎恩师的想象，我很自豪能够与她分享这些惊险之旅。我和波莉曾亲临维多利亚瀑布，当我们站在距离利文斯顿①故居不远的岸边时，我感觉到四溅的水花像煮沸

---

①大卫·利文斯顿（David Livingstone，1813～1873），苏格兰传教士、探险家，维多利亚瀑布和尼罗河源头的发现者。

的水一样咆哮着冲向下面的大峡谷。后来，我们又在克鲁格国家公园的营地里度过了三天。每天从早到晚，我们都会驱车数英里，去看各种各样的野生动物和漂亮的鸟。对我来说，能亲手翻阅充满自然风景和野生生命的梦幻天书的确是上帝的一种恩赐。恩师当年曾为我朗读过无数这方面的文章。

至于在南非开展的残疾人工作，远没有在肯尼亚、内罗毕以及东非和西非等地区的工作那么令人满意。在南非，白种盲人的康复工作被注入巨大活力，但是反对民族偏见的斗争却不容乐观，甚至令人心寒。对于那些危及残疾人（或是其他团体）的思想以及剥夺他们获得幸福机会的做法，我体内的每一根神经都会反对。我只能祈祷这样一个时期的到来：（到那时）非洲各个种族和民族将享有平等的机会来提高和改善自身的福利以获取幸福。事实上，已经有许多有识之士面对严重玷污人性的愚钝与卑劣行径处变不惊，他们正全力构建为公正与理性所支配的各种族之间的团结友爱关系。

圣约翰基金赞助的眼科医院在约翰内斯堡附近开业，对我来说，是南非之行最有意义的一件事。这是第一家在开罗以南为土著人开设的眼科医院。毫无疑问，新思想和纯朴的基督精神将激励圣约翰眼科基金会挽救众多同胞的视力和听力。对于非洲来说，挽救盲聋人的视力和听力比开发黄金和钻石矿藏更重要。因此，我对这家医院最快乐的记忆便是：

> 唤醒黑暗与沉寂中痛苦的生命，
> 让它在阳光下获得新生。

我们为中东残疾人服务的朝圣之旅充满希望与信心，也取得了积极成果。我们游历了埃及、黎巴嫩、大马士革、约旦和以色列，虽然人道主义光芒在个别国家还未曾普照，但是我仍然有足够的理由保持乐观。

在埃及，当我触摸雄伟的金字塔时，敬畏之情油然而生，这一经历给我留下深刻印象。但是真正让我震撼的是埃及已从漫长的沉睡中觉醒，正奋力抓住文明世纪的缰绳艰难前行。堪与埃及觉醒相提并论的另一种觉醒就是世界盲人福利会的成立——这是自1931年以来，我和恩师一直奋力追求的目标。鉴于这个委员会的影响力，联合国一个致力于改善盲人状况的规划正在开罗实施。我曾为这个组织作过演讲。

第二年，一家新的示范中心在开罗成立，它旨在为包括埃及在内的阿拉伯世界培训盲人教育急需的教师。我相信该示范中心将成为一个活力因子，在改善盲人受教育状况、提升被忽视多年的盲人地位方面发挥积极作用。我和波莉访问了埃及的优秀盲校和讲习班。这些机构都由拥有卓越组织能力且充分理解盲聋人现实问题与迫切愿望的爱心人士管理。

在黎巴嫩的贝鲁特，我们去由瑞士朋友开办的盲校参观，拜访了管理有方的卡尔·梅尔先生。这所学校奉行的艰苦奋斗精神令我我备受感动，并对它的未来充满信心。

在约旦，我遇到一位年轻盲人，我猜想他一定能赢得恩师的嘉许。通过不懈的努力，他已经成功地创建了一所盲人学校和一个盲人青年讲习班，虽然人数不多，但数量在不断增加。据最新报道，我认为他最终一定能够完成这项魄力十足的计划——为整个阿拉伯世界的盲人服务。

在以色列，人们以坚定的意志和无限的创意致力于在混乱、躁动和荒凉中创建健康的秩序，向人类传递上帝的力量与慰藉，这一切都使我振奋。虽然仍有无法预料的困难，但是盲人和聋哑人正在逐渐获得更

## 第十八章 实现恩师的理想与目标

多知识与机会。随着时间的推移，他们将会参与到自己这个光荣团体的发展中来。

拉美之行最具吸引力的地方就是当地人的热情。不论走到哪里，人们都会为我献上美丽芳香的鲜花。如果恩师健在，她不知有多喜欢这些花呢！在里约热内卢的本杰明·康斯坦盲人学院，我们向那里的师生作了讲演。我们还参观了教育学院，在这所巴西最大的师范院校和师生们进行了交流。在讲演中，我提到整个世界对教师这个职业缺乏应有的感恩之情，我认为拥有最好教师队伍的民族必将领跑于人类进步的征程。

在圣保罗，当地人在盲人事业与其他助残事业方面的进取精神让我欣喜。巴西盲人基金会主管多丽娜·诺维尔夫人在助残方面所取得的巨大成就令我惊讶。她自己是盲人，几乎是凭借一己之力，为自己的机构吸纳干练的员工；成立了一家盲文印书社；建立了一座盲文图书馆；照顾失明的学前儿童；设计出先进的教学理念，将盲童与视力健全的儿童合班教育以及为成年盲人谋求就业机会。即使成绩斐然，她仍然需要公众的合作，这也是她邀请我来巴西的原因。我已经在不同的会议上多次表达了我对人们采取措施保护视力的感激之情。近年来，围绕保护视力这一盲人事业中最重要的工作而开展的活动越来越多。听到很多视力健全的人定期走访中小城市、偏远乡村为盲人治疗，我很高兴；看到工厂发起旨在消除和减少工伤事故的运动，我非常欣慰。人们聆听我讲演时所表现出的热情，常常使我仿佛看见那个充满爱心和理解的时代正缓慢却坚定地朝我们走来。

在参加完智利、秘鲁和巴拿马城各种各样的活动之后，我们在墨西哥城及其周边地区度过了10天紧张而又快乐的时光。

6月15日，我和波莉访问了维也纳科瑶坎盲人康复中心。那里盲人制作的篮子、小地毯、编织品和针织衣物种类繁多，且很有艺术价值，让我由衷地为他们感到骄傲。这里的盲人还为布莱尔盲文图书馆做书稿转译工作，帮助图书馆印刷盲文书籍。我为墨西哥政府能够积极参与世界盲人福利会的热情而感到高兴。

7月19日，我们参观了防盲诊所。在这个诊所，医生每天为200位患者作免费治疗。我被那些视力健全的人们所作出的无私奉献深深打动。他们不仅无偿地为盲人治疗，而且还免费为他们做手术。那儿的医生让我替他们呼吁，请所有的眼科医生都来参加无偿地护理那些经济条件较差的眼疾患者的活动。我接受了他们的建议。后来我得知很多医院的医生都承诺为盲人提供这项服务。

7月20日，波莉和我在墨西哥听力语言学院度过了令人激动的近乎完美的时光。进入大厅时，我触摸到刻在墙上的"安妮·莎莉文"几个字。紧接着，我听到了赞美恩师工作的精彩演讲。那一刻，我感觉到她真的离我很近。我非常激动，话语一度哽咽，我向这所学院的老师表达了由衷的谢意，因为他们能够理解恩师是我汲取力量的源泉。可以说，是恩师一直陪伴我经受命运设置的各种考验。多年后，仍然是她在和我一起分享"智慧融合与心灵相通"带来的真正快乐。

我把恩师看做是给予我温暖的精神支柱和我生命中的太阳。罗曼·罗兰曾经说过，一个人若和另一个人有着亲密无间的友谊，他的人生一定幸福，但这种幸福也必然让他在失去好友的有生之年变得悲惨凄凉。其实未必如此。恩师的人格能够传递如此强大的美德和力量，即便在她去世之后，这些美德和力量也一直在激励我要忍耐和坚持。她规划的命运路线对我仍然有强大的吸引力，使我超越自己，按照上帝的指引，投身于战胜黑暗的斗争中去。当然，面对两条道路的选择，处于安全考虑，我可能已经放弃任何进一步的努力。但是恩师对我有信心，我决不能辜负她的信任。

意识到恩师始终与我同在，我一直在寻求新方式激发残疾人体内固有的生机与活力，驱散困扰他们人生的黑暗、消沉、疾病与悲伤。有时，我感觉上帝好像是通过恩师来照亮我的黑夜，点燃真善美的火焰。随着年龄的增长，我知道自己很乐意超越疲惫的躯壳，在恩师为我营造的精神世界里体验新生与青春。恩师的创新才智与人性思维一定不会消逝，而会继续焕发生命的活力，抚慰我孤独的心，就像春日温暖的空气一样沁人心脾。

# 译 后 记

作为一名在大学讲台上站了20年的教师，在翻译海伦·凯勒60年前所著《我的老师安妮·莎莉文》一书时，我的灵魂受到了无数次自里而外的涤荡。震撼之余，有一个声音在我的耳畔萦绕——是聋人让我们听到了人类灵魂深处的呐喊，是盲人让我们看到了人类道德修尚的至善、至纯和至美。

在翻译《我的老师安妮·莎莉文》之前，我也有过不少翻译经历，但其中或多或少都有一些功利色彩，唯独这次翻译是自己兴致所至。说真心话，这么多年来，除了讲课，带给我快乐最多，当然也是煎熬最大的一项工程，就是翻译这本《我的老师安妮·莎莉文》。

为了翻译这本书，我放弃许多其他工作，牺牲了太多和家人欢聚的时光。我出于对海伦·凯勒传奇人生的敬意接下了这份书稿。我有义务翻译好这本书，以证海伦·凯勒一颗光明善心，以明安妮·莎莉文一片仁德师情。于是乎，我暗下决心，尽自己最大努力，忠实翻译原作，以还天下读者一个读好书的愿望，以遂自己做好事的夙愿。

本书作者海伦·凯勒曾经说："我之所以能取得如此成绩，一半功劳应归于我的老师——安妮·莎莉文·梅西。"安妮·莎莉文用极大的爱心、耐心和毅力，在没有任何教育经验可以遵循的情况下，从尊重孩子的天性、引导孩子的兴趣出发，在摸索中成功地将海伦从一个心智未开、桀骜不驯的小女孩儿培养成一名通晓5种语言、知识渊博的学者和一名创造非凡业绩、获得无数荣誉的社会活动家，堪称人类教育史上一大奇迹！

海伦·凯勒怀着感恩的心，通过触觉记忆，以情绪饱满的笔墨为读者展示了一个有血有肉的伟大教师的感人形象。全书时间跨度五十多年，空间覆盖五大洲，作者通过大量的事件描述、场景渲染、人物交代、情感铺垫和文化诠释，为读者还原了一个真实的恩师形象。

亲爱的读者，身处信息爆炸、文化繁荣的今天，相信您一定有读不完的好书，您的家人也一定有做不完的家务、写不完的作业，但是机缘巧合，让您看见了这本书。作为本书的译者，我真心希望您能同我一起，读一读这本抒情励志、陶冶情操的文学传记，更希望您能把她推荐给自己的朋友、家人、学生，或者真心喜欢书的人，让他们也能从情感上得到陶冶，从意志上得到磨炼，从事业上得到激励！

  由于译者水平有限，错误和纰漏在所难免，敬请读者批评指正！

闫文军

2010年1月于临潼骊山